もう一度片づけを
はじめよう!

『枠』を決めれば、モノは減らせる

片付け空間デザイナー
はせがわよしみ

同文舘出版

片づけは「枠を決めて、量を減らし、整列して収める」

みなさんはこれまで、片づけの本を読んだり、ネットで収納術を見たりと、片づけについてよくご存じかもしれません。それなのに、「まだ片づけられない！」と悩んでいるでしょうか。では、もう一度、今日からはじめてみましょう！　今度こそ、片づけを成功させるために、「枠を決める」作業からスタートすることをおすすめします。本書でお伝えする片づけのプロセスは次の3STEPです。

STEP 1　枠を決める

モノを取り出して仕分ける前に、一度その場所を眺めてください。あなたは、その場所をどんなふうに完成させたいのでしょうか。収納の大きさ、種類や見た目も意識して、まずは「ここに入る分だけ」と、「枠」を決めてください。“とりあえず”片づけるのではなく、「こういう見た目にしたい」という絵を描くことが次のステップをスムーズにさせます。

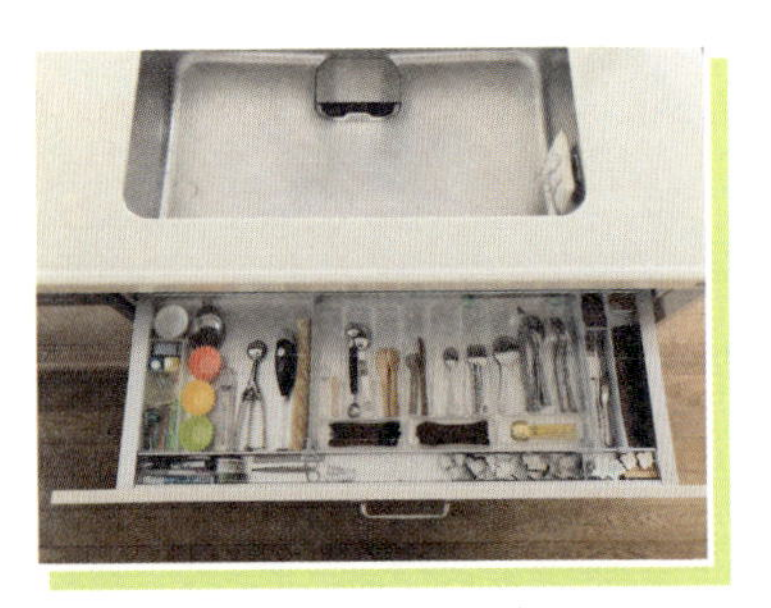

STEP 2　量を減らす

多くの人が苦労するのが、「減らす」場面。もったいないから、まだ使えるから、いただきものだから……と、減らせない理由はどんどん出てきます。しかし、「モノの総量が多いこと」が、散らかる部屋のいちばんの問題なのです。それはみなさんも薄々気がついているのではないでしょうか。本書では、3つの選択肢と2つの軸で仕分ける方法をお伝えします。それでも手放せないものは、"五感"も"第六感"も使っていきましょう。

STEP 3　整列して収める

収納に関する情報は世の中に溢れています。しかし、実は片づけにおいて、収納テクニックはそれほど重要ではないのです。「枠」を決め、モノの総量が減ったら、あとは単純な法則に沿って整頓していくだけなのです。一度整頓ができて、「ここに戻す」という基準があれば、散らかることにうろたえず、イライラもしなくなるでしょう。

収納テクニックは
難しく考えない！
２つの方法でうまくいく

私は、収納の便利グッズをあまり使っていません。それよりも、掃除がしやすく、場所も取らず、取り出しやすい収納方法を実践しています。そのコツが「立てる収納」と「かける収納」です。

立てる収納

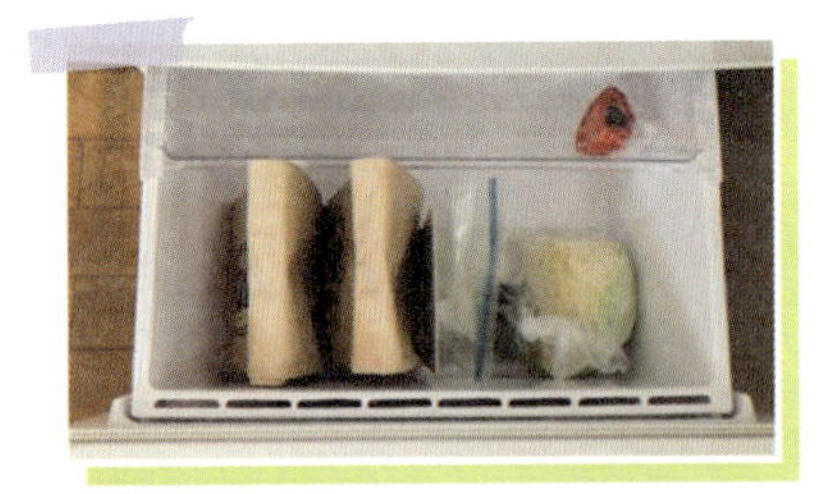

冷蔵庫の中の野菜室。野菜を紙袋やジップバッグに入れて立てて並べれば、小さな野菜が奥に埋もれることはありません。

朝ごはん用のジャムセット。スプーンをいちいち取り出すのが面倒なので、ジャムを乗せているトレーに立てられるように工夫。

引き出しに入れる衣類はたたんで、立てて収納。選びやすく取り出しやすいのがポイント。

靴を重ねて紙袋に入れて収納。茶色い紙袋は見栄えもマルです。

かける収納

チューブの調味料はクリップをつけて、冷蔵庫の壁にフックをつけてひっかける収納。

お風呂場のバーには、クリップつきフックで洗顔料をかけています。お風呂掃除がしやすい。

掃除用具は、廊下にかける収納。見栄えのいいおしゃれなアイテムは、ディスプレイの一部になります。

洗面所の扉の裏側。バーにドライヤーや霧吹きなどをかけています。扉を開ければ隠れるところもポイント。

家中の鍵を一箇所に集めています。

玄関脇にバーを取りつけ、傘と普段使いの帽子をかけています。

空間と収納のバランス、モノと収納の割合を考えて、すっきりした暮らしをかなえよう

写真を撮る時、「写り込んだら邪魔なモノ」をどかしたりしませんか？片づけでも同じように、「これがなかったらもっとすっきりするだろうな」「収納はこのケースだけにしよう」などと、まずは頭の中で「こうしたい」という構図を思い浮かべるのです。

そうやって部屋づくりをしてきたわが家のスナップ写真を紹介します。空間と収納、モノと収納の割合の参考にしてください。

玄関たたきには靴を１足以上出しておきません。

私は雑貨が好きなので、家のいろいろな場所にディスプレイコーナーをつくっています。玄関にも季節のコーナーを。

洗面所にも季節の飾りをあしらって。そのほかの日用品は、毎日使う必要最低限なものを「かける収納」。

キッチン正面。調理台には何も置かないようにしています。広いほうが料理しやすいのがメリット。

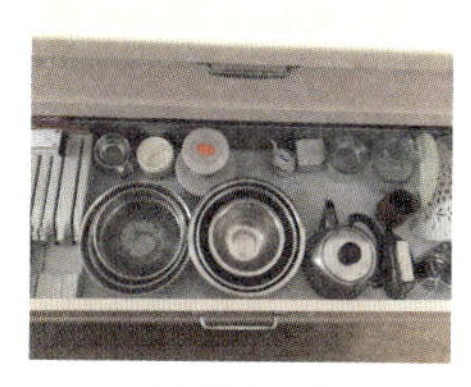

シンク下2段目の引き出し。調理器具を単純に並べただけ。詰めすぎないので、取り出しやすい。

シンクいちばん下の引き出し。お菓子などはかごに入れて「立てる収納」に。

食器棚の引き出し。空間を空けて取り出しやすさを優先。

来客用食器は持ちません。大好きな食器はすべてデイリーに活躍させています。

リビングは家族がくつろぐ空間。モノを増やさないように気をつけ、ディスプレイを飾り、癒しの場所に。

さあ！
もう一度"自分らしい"
片づけをはじめよう！

あなたは、自分の家が好きですか？

もし、そうではなかったら……。こんな悲しいことはありません。


「片づけたい」という方のほとんどが、本当は自分自身の変化を願っています。

片づけとは、モノにこびりついた欲や余計な執着と向き合い、自分の中の闇やドロドロを吐き出すことです。

片づけの過程を味わうと、自分を好きになります。

"ありのまま"でいたいわけがありません。変わりたいから片づけをするのです。部屋を愛おしむことは、自分を愛するのと同じこと。


こどもが、家族が、仕事が……。これまで片づけをやり遂げられなかった理由はいろいろあるかもしれません。

ここで、そういうのを少し横に置いて、自分のためにもう一度片づけをしてみませんか。

「枠」は、あなたが大切にしたいものを盛りつけるお皿です。

欲張らず、あともう少し食べたいくらいの余白を残して盛りつけを楽しみましょう。

CONTENTS

CHAPTER 3

枠を決める、減らす、整える

CHAPTER 4

片づけの山場！モノを減らす仕分けの秘訣

CONTENTS

CHAPTER 5

収納の基本は「立てる」「かける」でうまくいく

CHAPTER 6

いかに片づいた状態をキープするか

CHAPTER 7

片づけられるこどもに育てる4つのステップ

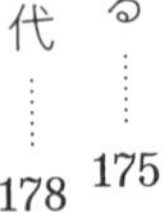

CONTENTS

CHAPTER 8

もっと家も自分も好きになる！片づけの効能プラスα

カバー・本文デザイン、ＤＴＰ
池田香奈子

イラスト
matsu（マツモト ナオコ）

プロローグ

呪いを解いて、もう一度片づけをはじめよう！

私が暮らす北海道旭川市は雪の多い街。

降り積もった雪にうっかり小さなものを落とすと最後。最悪は見つからない場合がありますす。私は何度もイヤリングを落としてなくしました。

片づけに悩む方のご自宅には、必ずといっていいほど「片づけ本」があります。

私が出会ってきたその方々は、忙しくも頑張り屋さんで真面目です。完璧を目指し、ちょっと頑固なところもあって、〝お得〟という言葉に弱くて、部屋が散らかるとイ

ライラして、時に人のせいにしたり、あげくに自分を責めてしまう。そんな、思わず守ってあげたくなる正直な方ばかりです。

片づけの様々な方法に挑戦したけれどうまくいかないと悩み、休日のたびに片づけているのになかなか進まないと嘆き、散らかった部屋は見たくないと外出して気を紛らわし、さらには片づけセミナーに参加したりと、学ぶことにも熱心なのに、片づけられないのを家族に責められて悩んでいる方もいます。

どうにかしてその悩みから解放したい。救いたい。片づけの楽しさを伝えたい。喜びを感じてもらいたい。どうやったら伝えられるだろうか。いつも考えていました。

そんなある日、片づけ講座にやって来た生徒さんの次の言葉にはっとしたのです。

「片づけの方法は大体わかっている。捨て方が書いてある本、収納のテクニック本、やる気を思考から促す本も読んだし、手早く効率よく片づける方法はネットでもSNSでも見ている。だから、正直〝片づけ〟はお腹いっぱい」

なるほど。そこかもしれない。

「もうわかっている」からこそ、「その気になればいつでもできるだろう」と思ってしまうのです。情報や方法がありすぎて頭の中もいっぱいになっているのでしょう。

だとしたら、一度全部忘れましょう！

片づけと同じです。モノを全部出して空にしてから片づけをはじめるように、今まで蓄えてきた知識もテクニックも、一度リセットするのです。

私がおすすめしたい片づけ術は、

「枠を決めて、量を減らして、整列して収める」

それだけです。

まずは片づけに向き合う**「時間の枠」「体力の枠」を無理のない範囲で決める。**

その後、しまう**モノの枠を「ここに入る分だけ」「ここに収まる分だけ」と、「だけ」を決めます。**

仕切りや収納グッズは多用しません。「立てる」「かける」の2種類を駆使します。よく使うなら近くに、たまにしか使わないなら遠くに置く。

持っているモノを活かし、無駄に増やさない。

散らかっても戻せる基準があれば、散らかることにうろたえず、イライラしません。


片づけの順序は、「減らす→収納」とよく言われますが、私は「収納決め→減らす」の順序を実践しています。**最初に収納の枠決めが大切**だからです。

私はこの方法で何十年も片づけをし続けてきましたが、枠を決めてから取りかかると次のステップの減らす量が見えるのです。

枠の捉え方は、写真のファインダーのように「この部屋にこれがなかったらもっとすっきりするだろうな」「収納はこのケースとこのケースだけにしたほうが美しいな」と、**完成後の見た目や美的要素も考えて計画するのです。**


旅行の準備をする時、あれこれ持って行きたくても「ここに入る分だけにする」と、かばんを決めて荷造りしますよね。同じように家も、この場所に収まる分だけ、ここに入る分だけと枠を決めてからモノを選別して減らすのです。

枠を決める時は、「どんな空間にしたいか」をイメージしましょう。

枠を決める。量を減らす。この2点を柱にして、あとはモノを丁寧に整列させれば完成です。

今までどんな方法を試してもすっきり片づけられなかった生徒さんも、この手順で片づけたら、自分も家族も驚くほど着実に進んでいきました。

いろいろな学びを得たあなただからこそ、もうお気づきでしょう。**片づけにはしっかり向き合う覚悟と時間が必要なのです。**

ダイエットと同様、いくらお手軽なグッズや方法を試しても、根気や覚悟がないと、結局、達成できずに終わります。ダイエットしてスタイルを改善したければ、本気の食事コントロールと効果的な運動が必要だと、私たちは気がついていますよね。

家も、モノが多いといくら収納アイデアやグッズに頼っても追いつきません。根本

片づけの新3ステップ

収納の大きさや種類、完成の見た目も意識して決める。

このSTEPがあると成功率アップ

STEP 1
枠を決める

↓

徹底して枠に収まる量に減らす。

ここが踏張りどころ。ファイト！

STEP 2
量を減らす

↓

モノの色や向きを揃える。

コツはあるけどSTEP1·2ができていれば楽勝！

STEP 3
整列して収める

的に減らして代謝をよくしなければ、日々の家事も活性化しないのです。

「すごく大変だったー！　仕分け頑張ったー！　いっぱい減らしたー！　きれいに収まったー！」と、**最高のすっきり体験**を味わって片づけの土台ができると、買い物の意識も変わり、無駄なモノも増えず、今度は「工夫」と「動線」に目が向きます。

その時が、あなたのこれまで得た知識が開花する時です。

一度リセットして横に置いておいた知識や情報、学んだことも試したことも無駄じゃなくなるのです。

あなたの大切なモノも知識も思い出も、部屋に埋もれていてはもったいない。

雪の中で落としたイヤリングだって、雪が解けたら見つかります。

忘れていた大事なモノが見つかるかもしれません。いや、見つけましょう！

新しいスタートです。一緒に片づけを成功させましょう！

CHAPTER

1

「片づけ」を もう一度考える

❹ 片づけに「正解」はない

―自分の心地よさの「枠」を持とう―

「片づけが本当に苦手です」
「片づけは嫌いです」
お客様からよく聞く言葉です。

苦手な理由を聞くと、**「どこから手をつけていいのかわからない」「途中で挫折してしまう」「余計に散らかるので億劫になってしまう」「やる気が出ない」「時間がない」**……。

苦手な理由は人それぞれでたくさん出てきます。

さらに悩みの根底には、厳しい父親に抑圧された反動でモノが増えてしまった、母親がモノを捨てられない人だったから自分もそうなったなど、育った環境や親の影響もあります。そこに気がつくことで、「だからか……」と妙に納得して楽になる場合、または親との確執のせいにしたい場合も出てきたりして、一口に「片づけの悩み」といえど、重い話を聞いてしまうことも多々あります。

私自身を振り返ってもそうです。こども時代の買い物は父親の判断が最優先でいつも不満を抱えて育ってきました。かわいい部屋に憧れ続け、ようやく古い家から新しい家に引っ越すことになった17歳の夏。やっと自分の部屋を楽しめる！　と歓喜に震えていたある日。家に帰ると、私の部屋にはとてつもなく大きな収納ダンスがでーんとありました。またしても父が勝手に選んだのです。

「収納は大きいほうがいいんだ」。この一言で私の夢は打ち砕かれ、がっくりとうなだれたことを覚えています。買い与えられるだけ幸せだと思う方もいるでしょう。そうだと思います。でも自分の好みをまったく無視されるのは自分を否定されているのと同じなのです。オーバーだと思われるかもしれませんが、無理やり好きでもない相手と政略結婚させられたような絶望感と共に、そのタンスとすごしました。

そうやって抑圧された私は、究極の部屋づくりへの野望が芽生え、自立後、お金を貯めて実践してきました。貧乏でしたが、選択の自由がどれだけ幸せか、好きなものに囲まれる暮らしがどれだけ心を豊かにして、癒しになるかを実感してきたのです。だからこそ今、私が片づけサポートをさせていただく時は、依頼主が何を誇りにして生きているのか、今後どうなりたいのかを尊重すること、見極めることを大切にしています。ほこりを取って、誇りを活かす片づけをしたいと思っています。

*「片づいている」は自分判断

居心地や満足度も自分の基準を大切に選択してほしいのです。

他人がいくら「きれいな部屋だね。片づいているね」と言っても、自分にとって片づいていないと感じるなら、片づいていない状態ですし、逆に、他人が落ち着かない部屋だなと思っても、本人が片づいていて居心地がいいと思うなら、片づいている部屋なのです。

実際に、私の生徒さん同士でお宅訪問をすると、「え？　これのどこに悩んでいるの？」「うちより全然、片づいているじゃない」なんて言葉が飛び交います。自分が描く片づけと、他人のそれは違うのです。

つまり、片づけには「これが正解です」というものはありません。
住む人が「気持ちいいと感じる居心地」。
これが大切なのです。

みなさんはこれまでに、テレビ番組や雑誌や本、またはブログやインスタグラムで、「ザ・素敵な部屋」「これが片づけの正解」という情報を目の当たりにされてきているでしょう。

私自身もSNSで、片づけのビフォーアフターの写真を掲載しています。

しかし、本音を言うと、「片づけとはこうあるべき」「こうすべき」と、ある意味「正解」を押しつけていないかなという思いと葛藤しています。

ビフォーアフターの変化が大きければ大きいほど、〝見事な片づけの努力〟と映りそうだからです。

しかし、片づけの満足度は表面的な見た目には現われてきません。たとえ第三者が「え？　全然見た目変わらないよ」と思っても、本人が「目の前のモノがひとつでも減らせた！」と満足できたら、もう片づけのアフターなのです。

片づけの喜びはその積み重ねです。一気にビフォーアフターができる人もいれば、噛み締めながら時間をかける人もいるのです。

生徒さんに片づけ前と後の写真を見せると、みなさんとても興味津々です。

色が統一されていたり、収納の組み合わせが3つくらいに絞られてきれいに余白ができていたり、乱れたモノがきちんと置き場を与えられ並んでいる様子に拍手され、気持ちがいいと言います。

この**「気持ちよさ」**がキーワードです。あなた自身が今の部屋がどうなったら気持ちがいいのかを考えてほしいのです。ビフォーアフターをイメージしてください。

片づけとは、押し入れや本棚の整理だけではありません。

人に話を聞いてもらえば、心の片づけ。

新しい洋服を買ったなら、「おしゃれをしたい」という欲求の片づけ。

自分の気持ちや欲求が満たされてすっきりすれば、もうそれが片づけなのです。

大事なのは他人に惑わされず、自分はどうなれば気持ちがいいのか？　どういう部屋を居心地がいいと感じるのか？　目の前の景色がどうなればいいのか？

家や部屋にどんな居心地を求めるのかを考えるのが、片づけの入口です。

❶「捨てる片づけ」と「捨てない片づけ」

片づけのお悩みナンバーワンは、何と言ってもこれです。

「捨てられない！」
「モノが減らせない！」

「捨てる」ことに抵抗があったり、つらいと感じる方も多いでしょう。
そもそも、「捨てる片づけ」をするのか、「捨てない片づけ」を選択するのか、まず

は最初の決断をしてください。

私は依頼者のご自宅で一緒に片づけをする片づけサポートをしています。その際、決して私から「これは捨てましょう」とは言いません。私には、そのモノにどんな思い入れがあるのかわかりませんし、持ち主本人が決めることに意義があるからです。**片づけは自分が決める、判断・納得する**ことが重要なのです。人間関係も同じですが、納得できない別れをしたらずっと引きずります。

＊「捨てない片づけ」もアリ!?

ずばり、捨てられないモノなら、捨てなくてもいいではありませんか。

家の中に〝開かずの間〟をつくって置いておけばいいではありませんか。他人は困りませんし、開かずの間をつくってはいけないという決まりもありません。

家中の捨てられないモノを開かずの間に「移動」して、すっきりさせます。目の前からモノを減らすことには変わりないのですから、言うなればそれも片づけです。

開かずの間を一生開けないですごすのか、時期が来たら片づけるのか、その選択をするのもあなたです。家族が増えたり、暮らしの変化でやらざるを得ない時に一気にやるのか、その使わないスペースに賃料などをかけるリスクを負い続けてもいいのか。それを決めるのも片づけです。


実は私、数年前まで自宅以外の場所に「開かずの間」ならぬ、保管スペースを持っていました。実家の「元私の部屋」です。

そこに、「寝かせておきたいモノ」を移動させ、自分が住んでいる家は必要なモノだけですっきり暮らしていたのです。手狭なアパートに住んでいた独身時代ならまだしも、結婚して一軒家に住みはじめてからもそれをやっていたのです。

でも、その快適だった保管スペースも閉鎖する事態がやって来ました。

実家の引っ越しが決まり、母にモノの撤去を迫られたのです。楽をしたツケがまわってきて、連日実家に行き、片づけに時間がかかって大変でした。

そこには、リサイクルショップに売ろうかどうしようか迷っていたモノ、こどもと自分の思い出の品がたくさんありました。決断を先延ばしにしたモノだらけだったのです。結局、思い出の品を少しだけ残し、全部処分することにしました。


決断を先送りしても、捨てられないモノとはいつか向き合う日が来ます。

私のひとりの生徒さんはまさに今、開かずの間と戦っています。「自分がどれだけ無駄使いして生きてきたかを突きつけられているようでつらい」とおっしゃっていました。

「そんなにつらいならやめてもいいんですよ」と言うのは簡単ですが、向き合う選択を尊重し、努力を見届けたいと思っています。

捨てられない気持ちと対峙する日はきっと来ます。そう、きっと来るのです。

ではあなたは今、「捨てる片づけ」と「捨てない片づけ」どちらを選択しますか？

「捨てない片づけ」もある

モノを捨てずに“開かずの間”を
つくってもよい

1 忘れられたモノの気持ち

「捨てる片づけを頑張ってみよう」

前項を読み、そう選択したあなた。

では、これまで片づけに挑んでも、捨てられなかった理由は何でしょうか？

おそらく、**「もったいない」**という気持ちでしょう。

高かったから。未使用だから。今度使うかもしれないから。こういう気持ちがわいて、捨てない判断をしてきたと思います。

ここで少し考えてみてください。本当にもったいないものはそれだけでしょうか。

本来なら陽が当たりもっと広く使えるのに、使わないモノに占領されている部屋の一角。ほこりだらけの収納ケース。これらを見たらどうでしょうか。

私は、片づけサポートで依頼主のご自宅にお伺いした時、あまりに活かされていないモノやスペースに出会うと、何とももどかしくて堪らない心境になります。モノの気持ちを思ったら、かわいそうでかわいそうで、いたたまれなくなるのです。

「家が楽しく呼吸する姿を見たい」「埋もれたモノたちをきれいにしたい、活かしたい」。毎回そんな気持ちがわいてきます。

私が救いたいのは、依頼者の気持ちはもとより、いやそれ以上に、部屋であり、モノなのです。

あなたも耳を澄ますと、ホラー映画さながらに「僕はここにいるよ」「私に気づいて」と、埋もれたモノたちの声が聞こえてきませんか？

今か今かと出番を待っているモノたちを忘れて、新しいモノを買ったなんて聞いた

ら、「ちょっと待ったー！」と飛び出して来るかもしれませんよ。

＊モノの気持ちを考えてみる

モノは使われるためにつくられ、生まれてきました。もしあなたが押し入れで忘れ去られたモノだったらどうでしょう。ショボンとしますよね。

ではここで、押し入れのクリスマスツリーと扇風機の会話を想像してみましょう。

クリスマスツリー：「こんにちは。扇風機くん、あなたはいつ頃が出番ですか？」

扇風機：「私は7月から9月末頃まで忙しいですね」

クリスマスツリー：「そうですか。私は12月初旬に出番が来そうです」

扇風機：「それはお互い楽しみですね。頑張りましょう」

和やかな会話です。ところが、同じ押し入れの中でも、詰め込まれ忘れ去られたモノ同士の会話だったらどうなるでしょう。

忘れられたモノＡ：「お前、邪魔だよ。いつまでいるんだよ」
使われないモノＢ：「お前こそ邪魔だよ。狭いんだよ」

ついには、けんかがはじまり、「頭にきたから、カビでも生やしてやる！」という話になるかもしれません。

片づいていなくても人が死ぬことはないと思いますが、カビが生えたら健康に影響します。そんなモノたちの怨念が部屋に漂っていたら……、私たち人間の気持ちもすさみ、家族の仲も悪くなるかもしれません。

そのために、**家にあるモノにはどんな小さなモノでも役割を与えること。**その使い道を理解すること。いつも使うモノでないなら、「○○の時には使うからね」としっかり約束しておきましょう。

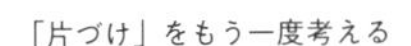

モノを救う片づけをしよう

出番を約束されたモノならば、けんかをせずに誇り高く待っています。

新しい服やキッチングッズ、インテリア用品を買うのもいいでしょう。でも、その前にもっと目の前の自分の家やモノを見てほしいのです。

家が古いとか新しいとかは関係ありません。古くてもその家のよさがありますし、新しくてもモノに圧迫されて呼吸ができていない家もあります。

モノだってあなたの役に立ちたい、そう思っています。

そして、もしその役目が叶わないなら潔く手放してほしいと思っているのです。役目が果たせないことこそもったいない、そう思いませんか？

この話を生徒さんにすると、「家のモノたちが不憫に思えてきたので、すぐに片づけします！」と言う方が続出します。

モノの気持ちを考えて、しっかり片づけに向き合う覚悟をしましょう。

CHAPTER

2

片づけ上手は散らかし上手

❶ モノが散らかる原因

片づけサポートの依頼者の家に行くと、「散らかっていてごめんなさい」と必ず言われます。他人に散らかっている部屋を見せるのはとても勇気のいることですから、逆に私を頼ってくださってありがとうと言いたくなる瞬間です。

最初に依頼者のご自宅にお邪魔した時は、「なぜこの家は散らかってしまうのだろう」「なぜ片づかないのだろう」と謎の解明からはじまります。

そして、**答えはいつもモノが教えてくれます。**

モノの散らかり方、モノが溜まっている状態を見ながら分析すると、依頼者にはある共通点がありました。

第一の原因は**「モノの量」**です。

管理できるキャパシティの枠を超えたモノの多さで、収納からはみ出したモノや片づけ途中のモノがあると散らかった景色となり、やる気も停滞してしまうのです。だからこそキャパシティの枠の中でモノを厳選して減らすことが必要ですが、もうひとつの散らかる要因がこれです。

後でやろうと、「ちょっと置き」してしまう。

例えばテーブルの上です。テーブルの高さはモノを「ちょっと置き」しやすい格好の場所です。

「後でやろう」「ちょっと置いておこう」が積もったテーブルはやっかいです。なぜなら、あらゆるカテゴリーのモノで溢れているからです。

後で見ようと思ったパンフレット、後で確認しようと思った郵便物、後で記入しなければならないこどものプリント、後でチェックするつもりのレシート、後で切り取ろうと思ったクーポン、ちょっと置きのイヤホン、爪切り、ペン、おもちゃ、飲みかけのカップ、絆創膏、クリップ……。様々なカテゴリーのモノで溢れるから、いざ片づけようと思った時に振り分けが面倒くさくなるのです。

そんなテーブルの上では食事も適当になってしまいそうですよね。

テーブルだけでなく、棚やカウンターなど、いろいろな場所に「ちょっと置き」スペースがあると、そのうちそれが日常の光景になり、散らかっていることにさえ気がつかなくなってしまって、片づけを忘れ、大事なものをなくしてしまうことになるかもしれないのです。

さらに、「ちょっと置き」は不思議なもので、**家族の誰かがやると連鎖します。**わが家の場合は、リビングの真ん中に置いてあるピアノです。疲れたから、忙しいからと、ちょっと置きをみんなが繰り返すと、一気にだらしがない空間のできあがりです。

「ちょっと置き」が部屋を散らかす

家族のひとりがやると、
次から次へと溜まります……

棚やテーブルごと撤去してしまえば解決しますが、生活上必要なものですし、それでは根本的な解決とは言えません。習慣の癖をやめるほうが得策です。

＊「ちょっと置き」をやめる方法

まずは、**先を予見して、「後で」のタスクを増やさない意識を持ちましょう。**見もしないパンフレットはもらわない。ダイレクトメールが増えそうなサンプルなどは申し込まない。提出の返事は早くする。不要な紙はすぐ捨てる。使ったらすぐ戻す。

どうしてもすぐできないなら、「枠」を決めましょう。**「ここに入る分だけ」と、例えばＡ４サイズが入る箱を設けて、いっぱいになったら必ず整理すると決めます。**

モノが散らかるのには、原因があります。時間がないとか、気持ちが向かないのも

原因です。

時間がないのは、子育てや仕事など集中したいことがあるからです。気持ちが向かないのは、家やモノ以外に関心・心配の対象があるからです。

例えば、悩みごとが膨れ上がって体調を崩している方がいるとします。その方の家が散らかっていた時、「片づいていない」と誰が責められるでしょうか。

片づけには体力が必要です。体が疲れている時、悩みがある時は無理をしない、散らかっていても気にしない。体を癒すこと、気持ちを慰めることを選択することも、自分の体の使い方の片づけです。

＊もらわない勇気を持つ

モノが多い要因のひとつとして、**「おさがりを断れない」**という悩みを聞きました。わかります。相手からの好意なので、好みが違っていても断れない関係性がある場合は特に困ってしまいますよね。

私もある時にこども用に大量のおさがりをいただいたのですが、あまりにも汚れていて趣味も合わないので、そのまま返してしまいました。かなり勇気がいりましたが、**いらないものはいらないと一度言っておくと次はやってきません。曖昧に受け取るとまたやってきます。**

ただ、関係性に水を差したくない、という気持ちが勝るなら一度受け取り、そのままリサイクルに出したりして手放してしまいましょう。

非情な言い方かもしれませんが、モノを捨てられない人が、あなたに「あげる」ことで己の罪悪感から逃れ、あなたに捨てる役目を押しつけている場合もあります。

いちばんいい解決策は、「自分はモノにこだわりを持って生活しているんだ」とまわりの人に見せることです。普段からモノの好みを主張しておき、部屋にも暮らしにも洋服にもポリシーを持っているとまわりに印象づけるのです。

そうすると、「この人にはあげづらい」と遠慮してくれるようになります。

その「モノへのこだわり」も、厳選しながら減らす片づけをすることで育まれます。

散らかしの現場検証

さて、ここでちょっとブレイクタイム。「散らかしの現場検証」をゲームにしてみましょう。

もし、あなたが片づけのサポートを依頼されたら……と想像しながら考えてみてください。誰かのお部屋を客観的に見るゲームです。

【働くお母さんM子さんの自宅】

M子さんは30代の働く主婦です。こどもは小学2年生の男の子がひとり。2LDK

に家族3人で暮らしています。

玄関

・知人からもらった大量の野菜が袋に入ったまま置いてあります。

・透明のビニール傘が何本も立てかけてあり、何本かは折れています。

下駄箱

・家族の写真が大量に飾られていますが、いくつかは色あせています。

廊下

・下駄箱に入り切らない靴と箱が重なって置いてあります。

ダイニング

・椅子にはM子さんのコート、こどもの上着が重ねてかかっています。

・テーブルの上には新聞とチラシ、開封前の郵便物、調味料、鍵がのっています。

居間

・こどもの習い事のかばんとランドセルが転がっています。

キッチン

・収納に便利だと聞いたグッズが買ってきてそのままです。
・食器棚には趣味の北欧食器とこども用のプラスチックの食器が並んでいます。

寝室

・いちばん奥のクローゼットは使いづらく活用できていません。手前にはスーツケース、パイプハンガーにはビニールカバーがかかったままのクリーニングした衣類が何枚もかかっています。

こども部屋

・トランポリンやジャングルジム、ほかにもあらゆるおもちゃがケースからはみ出て溢れています。

・学習机の上には教科書やプリント、おもちゃがのっています。

M子さんの忙しい毎日や生活環境も推測できたのではないでしょうか。これらの例は実際に私が対面した空間でもあります。

では早速、改善点を見つけていきましょう。

・野菜のおすそ分けは料理できる分だけもらう

野菜はなるべくキッチンに運び、玄関に置くならかごに入れるなど、一見わからない工夫をしましょう。また食べ切れる分、料理できる分だけをもらうようにしましょう。

・透明傘を増やさない

傘は紛失防止を意識づけるために、ひとり一本だけお気に入りを用意しましょう。玄関に透明傘が何本もあるのは印象のよい景観ではありません。さらに折れた傘を放置するのはだらしない隙を見せているようです。すぐ処分しましょう。

・写真は居間に

他人ものぞく玄関に家族のプライバシーをさらすのは、今時少し物騒です。下駄箱に飾るなら季節の置物や花などシンプルなモノにしましょう。

・下駄箱に入り切らない靴は持たない

数を見直して余分な靴と箱は処分しましょう。

・ダイニングテーブルに置きがちなモノを防ぐ

郵便物は玄関からダイニングまでの動線にゴミ箱を置いて即断する。調味料は料理の仕上げにキッチンでかける。新聞は見終わったらすぐ古紙ボックスへ。これらを習慣づけましょう。

・廊下に「かける収納」をつくる

部屋の中までコートで行かないように、玄関とダイニングの間にかける収納場所をつくりましょう。ランドセルや習い事のかばん、鍵なども同様にかける収納を習慣にすると散らかりにくくなります。

・イメージできないグッズは先買いしない

クチコミでいいと聞いたグッズはつい買いたくなりますが、自分の家でどう使えるか、イメージを確認してから買いましょう。

・食器は普段から好きなものを使う

食器は、見せる目的のコレクション以外のモノなら使いましょう。小学生なら大人

と同じものを大事に扱えるはずです。好きなものはどんどん使いましょう。

・使いづらい収納にはあまり使わないモノや季節品を収納

スーツケースや五月人形、扇風機やヒーターなど、一年に一度程度使用するモノを収納しましょう。

・クリーニングのカバーははずして収納

衣類のためにも、ビニールのカバーははずしたほうがよいのはご存じかもしれません。また衣類を把握するためにも、見映えのためにも、カバーを取ったほうがすっきりします。ほこりが気になる場合はポール自体にカバーをつけるなどしましょう。

・こども用の収納場所を改善

こどもの年齢に合ったおもちゃの関係を見直しましょう。こどもひとりに対して遊び切れるだけの量に減らしましょう。こどもにも「ここに入る分だけ」と収納の枠を説明すると理解してくれます。今自分が好きで遊びたいおもちゃは何か、小学校2年生にもなると自分で仕分けができます。おもちゃはおもちゃコーナー、本や教材は学習机に収納するなど、遊びと学習の空間を区別しましょう。工作物などの作品も、ギャラリーコーナーをつくって、「ここに飾れる分だけ」と厳選しましょう。

改善策はいかがでしたでしょうか。ご紹介したのはほんの一例です。実際の家では、もっとたくさんのモノがあるでしょう。そして、総合して言えることはやはり、「これだけ」と枠を決めて厳選して扱える量に減らす、散らかしがちな習慣をなくすことが基本になります。

さて、あなたはどんなアドバイスを考えたでしょうか？

"憧れの暮らし"が枠を決めてくれる

『憧れの暮らしと収納のはなし』というタイトルで、地元旭川の工務店さんの主催で片づけセミナーを毎月行なっています。「住まいを少しでも理想の状態に近づけることができたら」、そう願ってつけられたタイトルです。

セミナーではよく **「あなたの憧れの暮らしを教えてください」** と質問します。するど、受講生の10人のうち9人からは、「必要なものだけに囲まれた暮らし」「出したいモノがすぐ取り出せる暮らし」「探し物をしない暮らし」というような答えが返ってきます。

何とも現実的な答えだと思いませんか？　憧れの暮らしってそんなことですか？

〝憧れ〟ですよ？

「だって片づけのセミナーに来ているのだから、当然でしょう？」

ごもっともです。片づけを学ぶための前向きな回答にケチをつける私がおかしいのでしょう。

しかし、私はしつこいので、もう一度**「本当に本当はどんな生活がしたいですか？夢でもいいから教えてください」**と本音を聞き出すと、

「本当は旅館みたいな和風の落ち着いた部屋にしたい」

「大好きなショップのように、服に囲まれた部屋にしたい」

「観葉植物をたくさん置いて森みたいにしたい」

「花を眺めながらすごしたい」

「好きな家具で揃えたい」

など、キラキラした答えに変わっていきます。

そう！　それがいいではありませんか！　聞いていて楽しくなります。

「花を眺めながら」、そう答えた方には帰りに買ってくださいとすすめました。そのほうがよほど片づけが進みます。**飾った花を眺めていると、「何だか横の荷物が視界に入って邪魔だから片づけよう」となるのです。**

好きな家具で揃えたいなら買ってしまいましょう。

目の前に、好きなモノや心地よいモノを先に用意しちゃいましょう。**自分の好きな景色にするために厳選していく。**

自分の好きな景色の枠を決めると、そぐわない脱ぎっぱなしの靴下が気になり、雑然とした「ごちゃっとしたモノ」を、どかしたくなったりするものです。

実際、「片づけができていないのに飾るのはもったいない」としまっておいた片づけ依頼者のコレクションを、あえて先に出して飾ったことがあります。

まわりの片づけはまだ途中でも、そこだけは自分の好きな空間になったと喜ばれ、他の場所もすっきりさせたいと意欲的になりました。

彼女は片づけが苦手でモノが捨てられないと悩んでいましたが、好きなモノを眺めているうちに、自分がモノを選ぶ基準には統一感があると気づきました。

＊自分の"好き"がモノを選ぶ基準になる

このように、部屋を見渡すとすでに憧れが現われている場合もあります。

好みがはっきりすると、自分の好きなテイスト以外のモノを取り除いていけばいいので片づけも捗ります。

写真を撮る時に構図を考えるように、

この部屋にこれがなかったらもっとすっきりするだろうな。

収納はこのケースとこのケースだけにしたら美しくまとまるだろうな。

部屋を見渡して「好き」と「合わない」を見つけよう

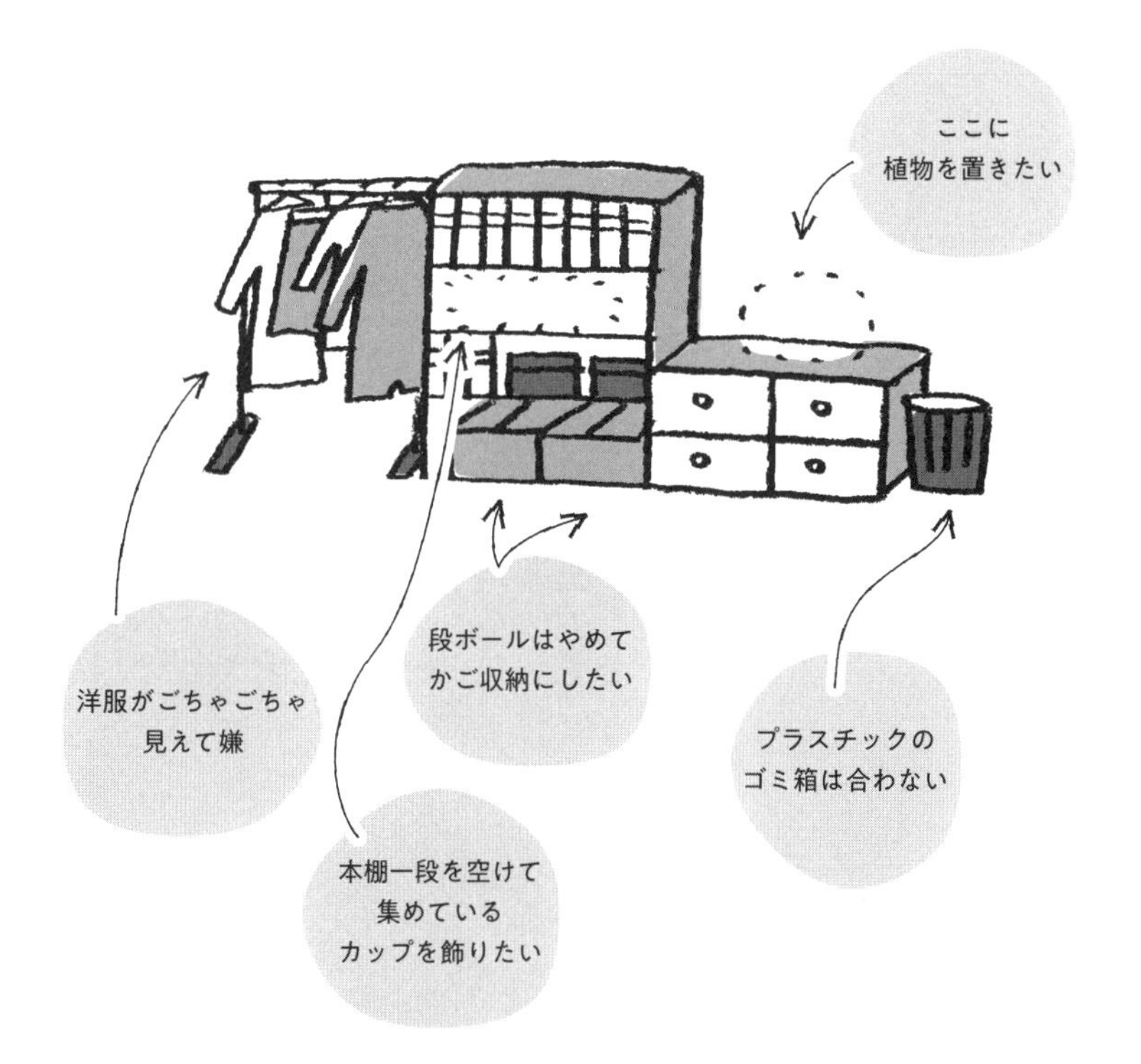

「この部屋の写真を撮るならば」とイメージして、
“ピンと”来ないものは省きましょう。

段ボール収納はやめて、木製の箱にしよう。

このように、完成後の見た目や美的要素も考えて計画しましょう。

逆に、こだわりなくなんとなくモノを選んで買って使っていると、家の中のモノに統一感がありません。だから「憧れの部屋は？」「理想の生活は？」「どんなモノが好き？」という質問にキョトンとしてしまうのです。

もしあなたが後者のタイプなら、**好みや憧れの部屋のイメージをなるべく具体的に描いてみましょう。**

アジア風がいい、アンティークで飾りたい、人気の北欧風が好き、モダンな和風にしたい、モノトーンがいい、カラフルな部屋がいい、花柄が好き、白をベースにした無地のイメージがいい。

何だかわからないけどおしゃれな部屋にしたいと思ったら、「おしゃれ　部屋」とか「素敵　部屋」などとインターネットで検索すると、たくさんの画像が出てきます。きっと好みの部屋が見つかるでしょう。

憧れの部屋を強くイメージするのは、片づけを具体化するために欠かせない大切なファーストステップです。その後のやる気やモチベーション、目的につながりますし、夢を膨らませるのは何より楽しいものです。

「憧れ云々の前に、まずは片づけしないといけないから」「片づけもできていないのに憧れなんて言えない……」「まずは片づけてから考えたい」などと自制なんてしないでください。

家族や同居人との共同スペースはお互いのイメージの擦り合わせが必要になるかもしれませんが、「自分がどんな部屋にしたいか？」「どんな場所ですごしたいか？」がはっきりしていれば、話し合うきっかけや意思の疎通にもなります。

好きのこだわりがはっきりすると、選択の基準ができます。それが、イメージにそぐわないものを手放すきっかけになり、片づけがさくさく進むようになるのです。

❶ 元気に散らかすための"リスタート"が片づけ

生活していると、必ず散らかります。

誰かと食事を楽しむと、お皿もテーブルも散らかります。散らかりながらも、いろいろな話題を散りばめながら話に花を咲かせれば、気持ちが安らいだり、すっきりしたり、元気が出ます。

これが、きれいな状態を保ちながらだと話も弾まず、緊張も解けません。そう、散らかすというのはリラックス効果があると思いませんか。

そもそもモノを散らかすのは前向きなことです。

それなのに、どうして散らかるとイライラしてしまうのでしょう。

特にきれいに掃除をした後は、家族の誰かがお菓子のかけらをこぼしたり、靴下を脱ぎっぱなしにするとイラッとしてしまう。せっかく片づけたんだから汚さないでよと眉間にシワを寄せながらブツブツ言いたくなりますよね。

それは、片づけをゴールだと捉えているからなのです。

片づけがゴールだと、片づいた部屋をキープしなくてはという意識が働き、散らかることに敏感になってしまうのです。

大体、いつもすっきりゴミひとつ落ちていない家なんて奇跡です。わかっていても面倒くさい、片づけられない時があってもいいのです。それが生活です。

「じゃあ、あっという間に汚部屋になってしまうじゃない」

そうですよね。ならば、散らかった状態からどのくらいの時間があれば、きれいに戻せるかわかっていたらどうでしょう。
「1時間あれば戻せる」などの目安を把握し、その自信があれば大丈夫なのです。

片づけをゴールとするのではなく、
片づけは、散らかっても気にしないでいられる気持ちの土台
と考えてください。

みんなが毎日元気に散らかせるようにするんだくらいに考えて楽になりましょう。
おいしい料理をつくろうと思えば、材料や調理器具で散らかりますし、こどもと工作して遊ぼうと思えば、ハサミやノリや色紙の切りくずで散らかり放題になります。

つまり、**何かをはじめると必ず散らかります。**
だから片づけは散らかしの〝リスタート〟なのです。

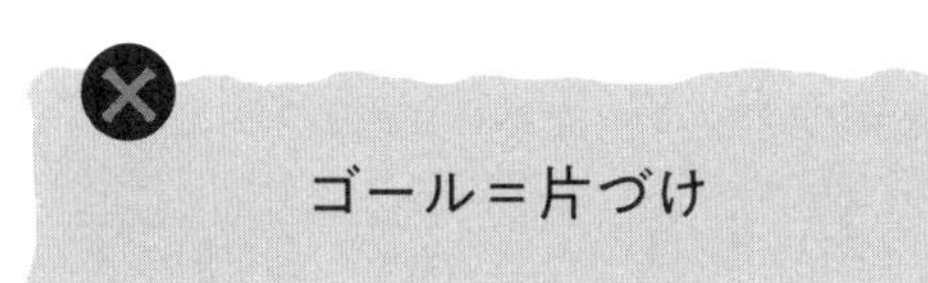

考え方をリセットして

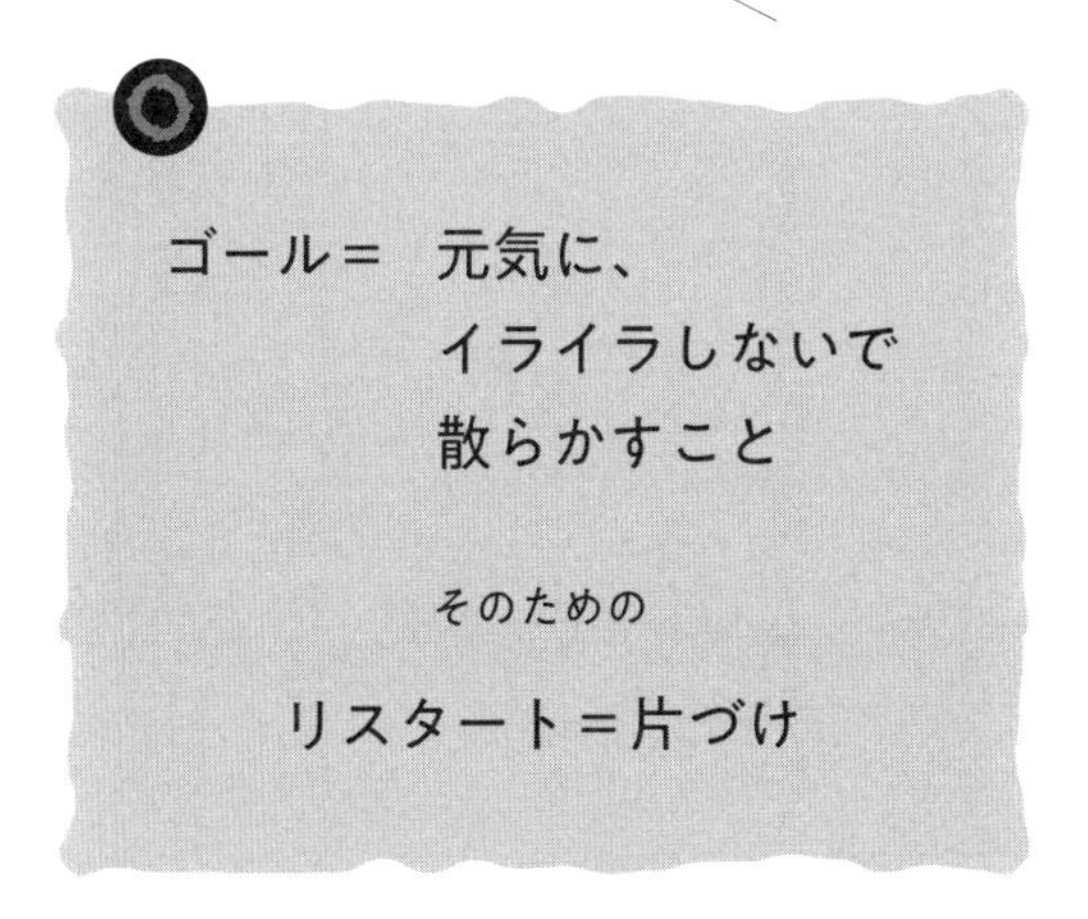

片づけだって、はじめると散らかる過程があります。
そこを乗り越えて完成するのです。

片づけのやる気がいつまでも起きない理由

「片づけのやる気はどうやったら起きるでしょう？」

このような質問もよくされます。

そんな時私はいつも、「締め切り効果」を利用して、**やらなければいけない状態をつくる**しかないと話します。

片づけを「やらねば」という意識をつくるには、**「来客の予定を入れる」**ことです。

しかも、なるべくなら**自分にとって緊張感のある相手**だとより効果的です。

ちょっぴり見栄を張りたいママ友とか、初めて招く知人などです。そして家をほめ

てもらえると自信になって、今後のやる気につながります。つまり、〝見栄〟のパワーを使うのです。


でも、実はもっとやる気が起きる瞬間があります。

それは、自分の家より**素敵な家に行った時**です。

自宅と比較することで、「よし！　うちも素敵にしてやるぞ」と気合いが入ります。

何事もそうかもしれませんが、憧れや素敵な存在が身近に感じられた時ほど、衝撃を受けます。


例えば芸能人やモデルなどの、華やかな遠い世界の人が素敵な家に住んで素敵な生活をしていても、「ふーん」と心動かされなくても、身近なママ友だとどうでしょう。**同じ地域に住み、同じように生活しているのに、どうしてできるの？　どうやって片づけているの？**　私も真似したい！　やってみよう！　と衝動に駆られるのです。

だからあなたの身近でいいなと思う暮らしをしている人、素敵だなと感じた人がいたなら、あなたも負けないようにやる気を持ってください。ここでは〝嫉妬〟のパワーが役立ちます。

私は、片づけの仕事をはじめて真っ先に開催したのが、**自宅公開セミナー**でした。どんなに親しい相手でも、人の家を隅々まで見る機会は少ないですよね。洗面所の引き出しの中、押し入れに入っているシーツやストック品、台所の棚という棚まで、**家丸ごと、暮らし丸ごと公開する**ことにしたのです。

公開後は1年で100名以上の方にお越しいただきました。初対面の方ばかりですが、季節の飾り、食事風景、暮らし全般を真似したいと言ってくださったり。私も自分の家が刺激になるのならと喜んで披露しています。

片づけを仕事にしているからといって、自宅を毎日公開できるほどきれいにしているわけではありませんから、自宅公開セミナーの日が、私の片づけの締め切りです。

しょうもない「〇〇しなきゃ」という"縛り"は捨てよう

私は物心がついた時から、散らかっている場所を見ると片づけたい気持ちがわき起こりました。**片づいていない場所を見ると気になって仕方ない症候群**だったのです。

独立してひとり暮らしをはじめた時、結婚した時は自分の好きにできることがうれしかったのですが、こどもができるとなかなか思うようにはいきません。

家事も進まず部屋もすぐ散らかります。私にとってそのストレスは大きくて、**まず部屋をきれいにしてからじゃないと外に遊びに行けませんでした。**でも私と違って家のことを後回しにしてでもこどもと遊ぶ時間を大事にしたいと考えるお母さんもいて、それを知ると、私もそうしなきゃと焦りました。

朝早くからこどもと外に遊びに行けるのがよいお母さんで、私はできていないからだめだと自分を責めて悩んだ記憶があります。だから部屋はきれいでも、私はいつも疲れていたなあと今は思います。当時のアルバムの私は、若くてもきつい表情をしているのです……。写真は正直ですね。

こんなふうに、「いいお母さん縛り」「いい奥さん縛り」である「〇〇しなきゃ」という足かせが片づけを左右する場合があります。

5年前の電気使用量の明細を捨てずに取っている方がいました。どうして取ってあるのか聞いたところ、「捨てる前に家計簿につけなきゃと思ったから」とのこと。では家計簿をつけたらどうするのかと聞いたら、「この月はこれだけ使ったのかと反省しなきゃと思ったから」と彼女は答えました。

何と健気なのでしょう。すでに5年も経過して感熱紙の印字も薄くなっている明細

を捨てられないのは、「いい奥さんは家計簿をつけなきゃいけない」という縛りがあったからでしょう。もしくは母親を見習わなきゃという縛りかもしれません。

家計簿なんてつけなくてもいいのです。電気量の反省は明細を見てしなくても、つけっぱなしの電気を消すとか、早く寝るとか、今できる方法がたくさんあります。

＊片づけ方法の呪縛が溢れている

ＳＮＳを開くと、多くの片づけ・収納術情報が出てきます。

「このメーカーのこれを使うと便利」「こうやってたくさん収納できました」という完成形の写真などもたくさんあって、正直、余計に混乱しそうです。

そして、これらを見ているうちに、「こうしなきゃ片づけができないのではないか」「まずはこれを買わなきゃ」とあれこれ迷い、試してみたものの自分には合わずそのままになってしまった……なんてことはありませんか？

例えば、

「何が入っているかわかるように必ずラベリングしなきゃ」
「収納には○○社のグッズを揃えなきゃ」
「こどもの作品は写真に撮ってから捨てなきゃ」

ブログで見た、みんなもしている、すすめられたから。このような理由で片づけをはじめても、自分の本意とは違う場合もありますよね。

まわりに流されず、人と比べず、自分がいいと思った方法だけを試してみる。合わないと感じたらやらないなど、気持ちよさも完成度も価値観も自分で決めましょう。

本書では片づけ論や私自身の例もお伝えしますが、あくまで参考です。「自分だったらこうしない」とか「私ならこうする」があって当然です。

大切なのは、自分の中で「これならできそうだ」、そしてこれなら「無理なく続きそうだ」という方法をまずは選択して実行することです。

自分に合った方法を見つけることこそ、あなたらしい片づけのコツなのです。

CHAPTER 3

枠を決める、減らす、整える

➊「収納」は大して重要ではない。肝はとことん「減らす」意識

ここまで、片づけには自分の好みや居心地のよさ、憧れが大切だと述べてきました。

イメージは整いましたか？

さあ、ここからはいよいよ実践に入ります。

今一度、本書の「片づけ」について掘り下げてみましょう。

片づけには2種類あります。

ひとつは**日常の片づけ**です。食器を洗って戻す、洗った洗濯物をたたんでしまう、

帰って来てコートをかける、買い物した食材を冷蔵庫にしまうなど、家事や生活の中での片づけです。

もうひとつは、家の収納やモノの量を見直し、使いやすさや見た目を含めて改善を図る**土台づくりの片づけ**です。

この土台づくりこそ、本書でおすすめする片づけです。何事も土台がしっかりしていないと崩れます。**土台さえつくれば、細かな技はそんなに必要ないのです。**

徹底的にモノを減らし、無駄な収納を減らし、こだわりを大切にしてモノを選択し、枠内にきちんと整えて収めると、日常の片づけが滞っても大丈夫。散らかっても戻す場所が明確なので、散らかるのが怖くなくなります。イライラしません。

ただ、土台づくりの片づけは、一度収納内のモノを全部出し、空にしてモノの選別をする作業なので、場所も取りますし、時間もかかります。

しかし、本腰を入れて精一杯自分の心地よさ、理想のステージを描き、モノを減らしてつくりあげるからこそイライラしない環境が手に入ります。

＊「減らす」をしないとはじまらない

片づけは「整理整頓」とも言います。**「整理」は選別して減らす作業。「整頓」は減らしたモノを整えてしまう作業。**どちらが肝かと言うと、「整理」です。つまり、モノを減らすことが片づけの大きなポイントなのです。

私がおすすめする「枠を決める、減らす、整える」片づけも同じです。**減らすことが重要で、**後は「色を揃えて、並べて整えて入れる」だけ。**収納に関しては大した問題として捉えません。**

「結局、減らすことかー。聞き飽きたし、散々減らしたよ」と言うあなた。目の前の収納グッズや棚自体も減らせますか？　そのくらいの覚悟で減らすのです。

枠を決めるI：
どのくらいの時間をかける？

さあ、片づけよう！　と気合が入ったあなた。では、どこから手をつけましょうか。玄関や戸棚などの小さな収納場所からはじめたほうがやりやすいとか、押し入れなどの大きな収納からはじめればすっきりするとか、迷ってしまう人も多いようです。

私は、「どこから」の前に、**集中できる時間の枠決め**が大切だと考えます。

ではここで質問です。次のページの写真は、片づけサポートご依頼者のビフォーアフターですが、それぞれ片づけにどのくらい時間がかかったか考えてみてください。

クローゼット

BEFORE

AFTER

押し入れ

BEFORE

AFTER

下駄箱

BEFORE

AFTER

居間

BEFORE

AFTER

正解はこちらです。

①押し入れ4時間半　②クローゼット6時間　③居間4時間　④下駄箱2時間

いかがですか？　あなたの想像と違っていましたか？

セミナーでこの質問をすると、①の押し入れのビフォーアフターでも「1時間」という答えがたくさん返ってきます。実際は4時間半もかけているので、つい「片づけをなめてはいけない」と言ってしまいます。

特にご夫婦で参加されるご主人が短く予想することが多いのです。

家事だって片づけだって時間がかかる。こどもに邪魔されると倍かかるし、仕事と両立させるのはもっと大変だという現実を知ってほしいと思う瞬間です。

しかし、ご主人に限らず、やはりほとんどの方は、「そんなに時間がかかるんだ！」と驚かれます。

私の経験上、モノを全部出して、掃除をして、減らして、きれいに収めるまで一箇

所につき平均4～5時間はかかります。私は、こどもが小さいうちは、こどもを寝かしつけてから**夜中によく片づけをしました。**もちろんご近所さんへ配慮しながらですが、コツコツやると意外と集中でき、育児の気分転換にもなっていました。

まずは、あなたが片づけに集中できそうな時間の枠が、どのくらい取れるかを考えてください。

＊準備万端で臨もう

片づけ中、ほこりが舞い上がれば鼻水も出ます。鼻が敏感な方は**ティッシュやマスク**をご用意ください。

集中するとお腹も空きますので、合間につまめるおにぎりやチーズ、フルーツなどの**おやつ**も準備しましょう。私はよくみかんを食べますが、片づけに夢中になると、**水分**をとることも忘れるので、ちょうどいい水分補給になります。

また、キッチンの片づけをはじめると、半日がかりになることもあります。でも、途中でご飯支度など到底したくありません。前もってお弁当を手配しておく、家族に「今日は出前にしましょう」、または「納豆ご飯のみです」と宣言しておくのも忘れずに。

こう宣言しておかないと、「何で片づけなんてはじめたんだ」と、やる気を削ぐ言葉を言われてしまう可能性があります。まわりの協力体制をつくっておくに越したことはありません。

雑巾と掃除機も必要です。

雑巾はわざわざ買う必要はありません。もう限界かなと思う**タオルやTシャツなどで代用し、使ったら捨てていきましょう。**タオルやTシャツの整理にもなります。

がっつりと片づける時は 準備も万端に

枠を決めるⅡ：どこから片づける？

前項の時間と同様、「今日はここだけ」と、集中して片づける場所を決めましょう。家中、あちこち手をつけはじめると、どこもかしこも散らかって収拾がつかなくなったなんてよく聞く話です。今できる範囲で、できる場所を整えましょう。

かける時間を踏まえた上で、片づける場所はどう選べばいいでしょうか。各場所の特徴をご紹介しますので、参考にしてください（★ひとつが1時間です）。

★**短時間ですっきりを目指すなら**：かばん、メイク用品、文房具、アメニティ用品、救急箱、財布

★★**小さな成功体験を増やすなら**：洗面所の下、テレビボードの収納、脱衣所

★★★**帰った瞬間にすっきりを体感したいなら**：玄関、下駄箱

★★★**くつろぐ環境を整えたいなら**：リビング、寝室

★★★★**料理を手早く楽しくつくりたいなら**：キッチン

★★★★★**たっぷり自分の歴史を振り返りたいなら**：アルバム、思い出DVD

★★★★★**衣替え・自分の見た目改革なら**：クローゼット

では、各場所の片づける際のポイントをお伝えします。

【玄関】

来客予定がある場合はここからスタートしましょう。お迎えとお見送りをすっきりとした空間でできると、迎える側も訪問する側も気持ちがよいですよね。人の出入りが少ない時間、特にこどもが登校している時間にはじめるのがおすすめです。

【リビング】

見た目のすっきりをいちばん体感できる場所です。 ここで何をしたいかによってモノの種類もモノの位置も変わるでしょう。わが家ではソファ、お昼寝毛布、テレビ、DVD、オセロ、トランプ、リモコン、文具少し、観葉植物しか置いていません。つまり、わが家のリビングはボーッとくつろぐ場所なのです。

部屋の中心で家族の憩いの場所ですから、**個人の私物が混在しやすい場所**でもあります。勝手に片づけてしまうと、家族からあれこれ言われてしまうかもしれないので、「明日、リビングを片づけるからね。自分のモノは持って行ってね」と宣言しておきましょう。

【キッチン】

「今日は食品」「今日は食器」と、カテゴリーごとに分けて進めるといいでしょう。

おすすめは、食品からです。食品には賞味期限、消費期限がありますから、それを目安にして仕分けがしやすく減らしやすいからです。

仕分けは二択。**①食べられる、②食べられない**、とシンプルに選択して、燃えるゴミの日の前日にやるのがベストです。

片づけるメリットは、きれいになればなるほど料理のやる気がアップし、健康志向になることです。きれいにすると、ついでに鍋を磨きたくなったり、食卓にマットを敷いたり箸置きを置いたりして、食事を楽しもうという気持ちもわいてくるでしょう。

【クローゼット】

おしゃれを磨いてもっときれいになりたい、イメージチェンジをしたいならクローゼットからはじめましょう。**新しい自分へシフトチェンジする意欲がわく場所です。**美容院に行った後や、きれいな人やおしゃれな友人に触発された時はやる気も増します。見た目改革をしたい季節の変わり目や衣替え時期もいいでしょう。

【各場所の紙類】

年度末の3月、前期後期が変わる8月、そして年末がおすすめ時期です。

特に春は、進学、引っ越し、就職など、家族の転換期で紙が入れ替わる季節。しっかり減らしておくと1年の紙の増え方が変わります。紙は湿度の高い時期よりからっとした気候の日が扱いやすいこともあります。

【押し入れや大きな収納】

押し入れや大きな収納は、**モノや収納グッズを減らして空間を先につくる**と、他の場所を減らす時に「押し入れのあの部分が開いていたな」と安心できます。

同時に、何でもかんでもとりあえず押し入れに詰め込みたくなる誘惑にも駆られます。そうなりそうな場合は、最後に取り掛かることにしましょう。

枠を決めるⅢ：収納の枠を決めよう

場所が決まれば、続いての枠決めは**「収納の枠」**です。

収納の枠は完成の景色です。

モノの量や大きさに収納を合わせるのではなく、**「これ」と決めた収納に合わせて徹底的にモノの量を調整していきます。**

ですから、「モノを減らす→収納決め」ではなく、**「収納決め→モノを減らす」**と先に理想の景色を決めてからモノを減らそうというのが、私の片づけの特徴です。

目的もなく、ただモノを減らしても、それからどうしていいかわからなくなりませんか？

実は、せっかくモノを減らしても元の場所に戻すと、あら不思議。景色も変わらず片づけた気がしない、しまいにはまたモノが増えてしまった、という現象が起こるのです。

この場所は、この棚とこのケースだけでいこうと、収納の枠を決めます。そうすると、次の「減らす」ステップの目安がわかるのです。

難しく考えなくても大丈夫です。

例えば、キッチン収納に食器棚とキッチンボードとワゴンを組み合わせていたら、ワゴンはなくてもいいかなとか、脱衣所の収納が3段シェルフにプラスチックケースとかごだとしたら、プラスチックケースだけにしようとか、本棚の2つをひとつだけにしようとか、モノを減らせそうな収納を予測するのです。

ここでは、**あなたが理想とする「部屋の眺めのよさ」に焦点を当てて考えましょう。**

収納には、もともと家に造作されているクローゼットや棚、さらに家具、プラケース、箱収納、かごなどがあります。片づけに困っている空間には、段ボールや紙袋などもあるかもしれません。

いろいろな収納がある中で、まずはその空間の完成形をイメージしてメインとなる収納から決めます。「見た目をすっきりさせるには」と、収納計画を立てます。

枠はあなたのファインダーです。この場所を写真に撮るとしたら、インスタグラムにアップするとしたら、と考えて理想の景色を思い浮かべてください。

次ページより私の家の収納をご紹介します。この写真をベースに、「このくらいにはできそう」など、あなたの収納計画を思い描いてみてください。

参考にしていただきたいのは、空間と収納のバランス、モノと収納の割合、入っているモノのカテゴリーやテーマです。

片づけ、収納サンプル集

（上）玄関の“季節のディスプレイコーナー”。家族やお客様が、季節を感じられるように、２ヶ月ごとに変えています。

（左）玄関のたたきには、靴を１足以上出しておかない。ほうきはアイテムとしてポイントになるので、あえて見せています。

居間。ソファの後ろにある階段下の小さな収納は、私のアクセサリーコーナー。外出前にパッと選んでつけられる位置です。

テレビの前の一等席には、リラックスできる大きなクッションソファを。家はくつろげる空間でもあるのです。ちなみにテレビのリモコンは、3人掛けソファのクッションの下が定位置です。家族みんなの約束なので、意外となくしません。

キッチン正面の景色。調理の邪魔になり、油汚れや水分を拭くのが面倒なので、調理台にモノは置きません。何も置いてないと、つくった料理をちょっと置いておくのに便利です。

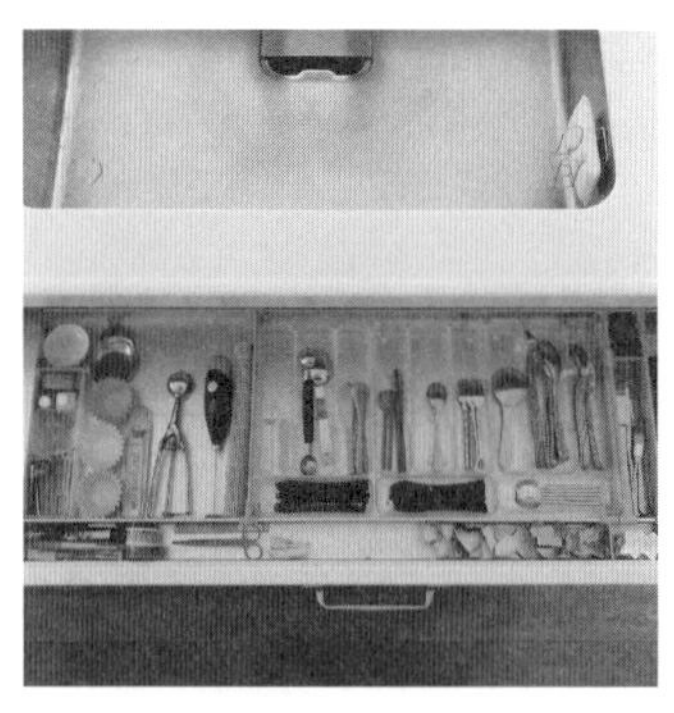

シンク下の引き出し。カトラリーは“よく使うもの”のみ所有しています。

シンク下２段目の引き出し。調理器具を単純に並べているだけ。取り出しやすいように、詰め込みません。

シンクの後ろ側にある食器棚。食器は来客用などと分けずに、使っています。真ん中の空間は季節のお茶を楽しめるディスプレイコーナーにしています。

食器棚の引き出し。小さめの食器や平皿を収納。重ねるのは３枚まで、詰め込みすぎず余白を空ける、とルールを決めています。

シンク下３段目の引き出し。お菓子などをかごに「立てる収納」。上から見て一目瞭然なので、出す時も手間がかかりません。

洗面所下のチェストの中身。私と娘のヘアアクセサリーなどを収納。入る分だけしか持たない、買わない。

洗面所の横には、「かける収納」スペースをつくっています。S字フックやクリップつきのフックで、コップ、歯磨き粉、洗顔料をかけています。

洗面所。水回りは掃除のしやすさを基準にしているので、作業台には何も置きません。観葉植物を置いて、水回りをホッとする空間にしています。

玄関近くの廊下には小さなチェストを。この上も飾り棚にしています。アロマをたいて、家の香りづくりのコーナーでもあります。

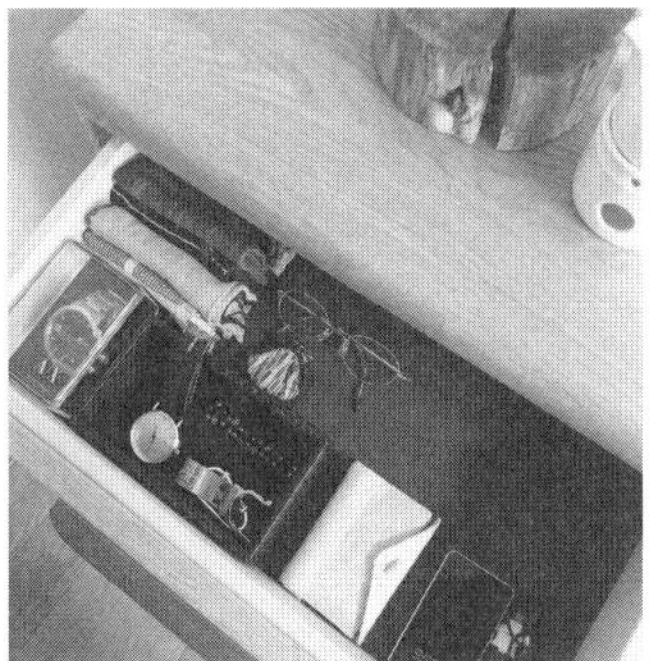

チェストの中身。外出時、玄関に向かう途中で、この引き出しからハンカチやティッシュ、時計など、いつも持って行くものをピックアップすれば、忘れもの防止になります。

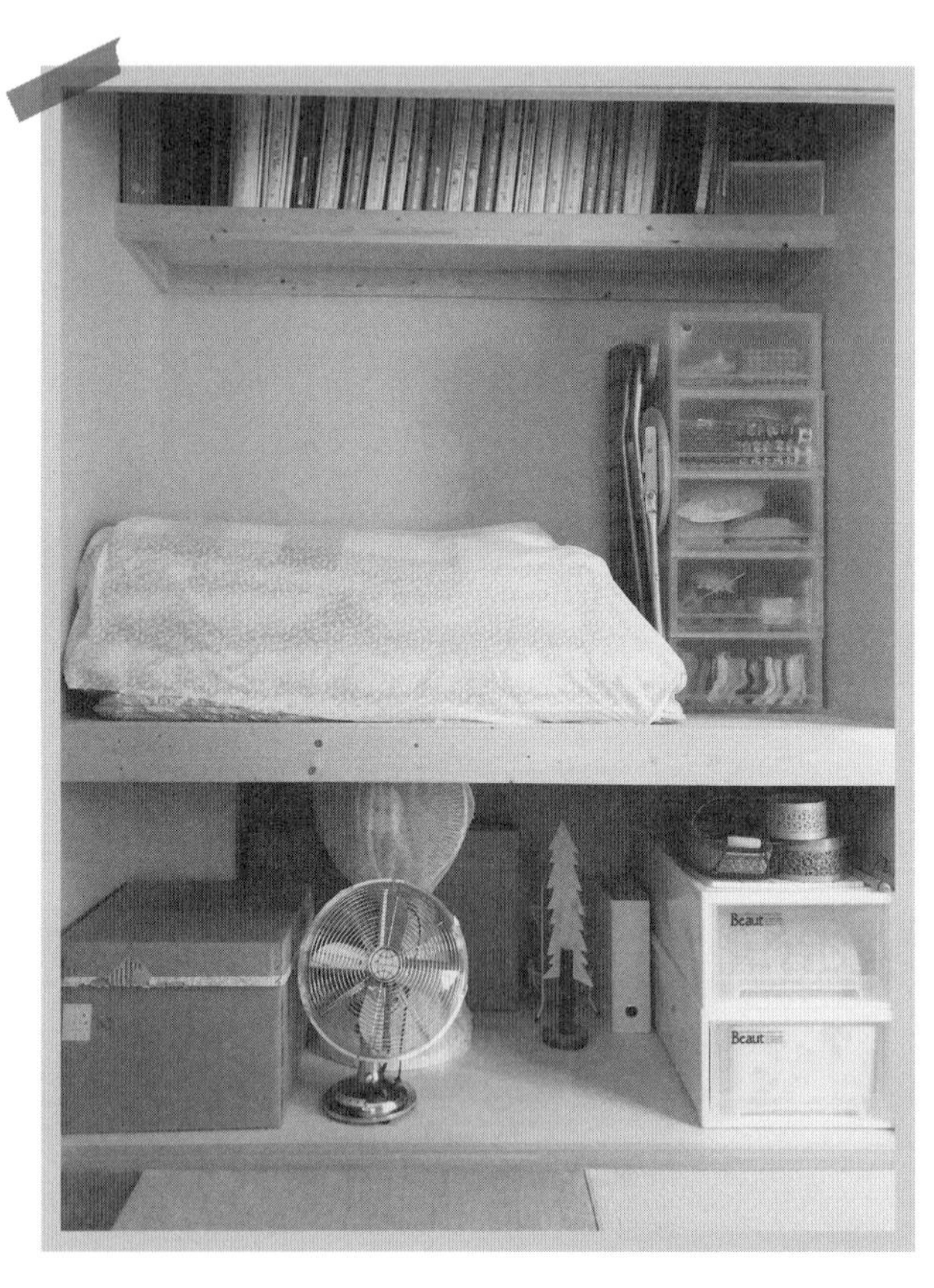

和室の押し入れ。上段には、家族の思い出アルバムがずらり。これは捨てられません。真ん中の布団は来客用（１組だけ)。季節の雑貨やてぬぐいをプラスチックの引き出しにまとめています。下段には、扇風機やお雛様などの季節限定のものと家関係の書類を全部まとめている厚いファイル。プラスチックケースには、浴衣やマルチカバーを収納しています。

CHAPTER

4

片づけの山場！モノを減らす仕分けの秘訣

❶ 3つの選択で仕分けする

片づける時間と場所、収めたい収納の枠が決まったら、いよいよモノを減らしていきます。

モノを減らすための順序は、まずは**中身を全部出す、そして仕分けです。**

全部出すと、「こんなにあったんだ」「こんなモノが入っていたんだ」とモノの種類と総量を確認でき、時に探しモノにも出会えます。

＊３択の仕分け方法

出したモノはひとつずつ向き合って、３つに分類していきます。

①好きなもの

人が何と言おうと、**今の自分にとって必要かどうか、好きかどうかという基準**で大切にモノを選びましょう。

「こんなの取っておいたら笑われるかな」とまわりを気にせず、素直に選びましょう。小さかろうが古かろうが、ずっと飽きない、いつも手元に置いておきたい、よく使っている、愛着があるなど、自分が好きなモノやお気に入りのモノを残しましょう。

使い続けている理由やこだわりがわかると仕分けがよりスムーズに進みます。

②思い出

たとえ他人がゴミだろうと思うような映画の半券でも、あなたにとって大切にしたい思い出なら大事にしましょう。

ただ、**思い出は抱えきれないほど持ってはいけません**。必ず枠をつけて、この引き出しに入る分だけ、段ボール1箱、などと厳選しましょう。思い出は重いのです。思い出の整理については144ページでもお伝えしていきます。

③不要なモノ（ゴミ・リサイクル）

手放す基準は、新しいとか古いとか高いとか安いとかではなく、それを**自分が活かせるかどうか**で選んでください。

私は**リサイクルを検討**することもおすすめしています（110ページ）。

パッケージや箱、包装、ビニール、ラベル、シール、ふた、カバーなど、余計な部分は徹底的にゴミとして切り取ったり剥がしたりして取り除くと、コンパクトに収納でき、見た目も美しくさらに使いやすくなります。

ゴミは自治体のゴミ収集ルールに沿って品行方正に捨てましょうね。

仕分けは2つの軸で決めよう

モノはどんどん減らしていきたいところですが、実際の片づけでいちばん迷い、いちばん時間がかかるのもモノを仕分ける（減らす）時です。

「これはいるかな？」「これは使うかもな」「これは聞いてみないと」と、悩んでばかりいると面倒になって、「やーめた」となりかねないのです。

迷うのは軸がブレるからです。 じくじくせずしっかりした軸があれば揺れません。

それが、**「自分軸」と「時間軸」**です。

＊自分軸

片づけたいモノの所有者は、「自分」であることが前提です。

まずは自分のモノを中心に片づけましょう。**家族でも人のモノを許可なく勝手に処分しないのは大切なルールです。**

人がモノを取っておきたい基準は様々です。だからたとえあなたから見てゴミみたいなものでも、むやみに判断してはいけないのです。

私にも失敗があります。もう使う機会のない主人のスポーツカーのテレホンカードをリサイクルショップに売りに行きました。少しでもお金に換えたかったのです。しかし、それは彼にとっては旅の貴重な思い出で、特別な品でした。お金に換えたと知ると激怒され、倍の金額で買い戻す羽目になったのでした。結局マイナスです。

人の持ちモノを勝手に処分するというのは、人の尊厳を無視した傷つける行為です。余計な争いを避けるためにも、自分のモノを中心に片づけてください。

もし他人のモノを整理するのであれば、「捨てる・残す」の判断を委任されてから行なってください。ただ、まだ自分では捨てることを判断できないこどものモノは例外です。

＊時間軸

次に基準となるのは、時間軸です。

過去や未来の自分に必要かどうかではなく、必ず**「今」**で考えてください。

今の自分が大切だと感じるなら必要なのです。

他人からいらないだろうと言われるモノでも、使えないテレホンカードだろうと、壊れたカップだろうと、自分にとって「今」大切にしたい気持ちは貫いてください。堂々と取っておけばいいのです。

衝動は変化します。3ヶ月前は大好きだったモノも、3ヶ月後には必要ないかもしれません。だからこそ片づけは、定期的に行なうのです。

モノ減らしの極意Ⅰ：
五感を使おう

自分軸と時間軸で選別が終わればいいのですが、これまた終わらないのが片づけ。まだ迷うというモノには、**野生の力**を借りましょう。

聴覚、嗅覚、触覚、味覚、視覚の五感を利用するのです。

【聴覚】

まだ使えるけれど耳障りな音の目覚まし時計とか、ふたを閉めるたびに嫌な音がするタッパーとか、音がうるさいダイエットマシンなど。耳障りなモノは手放しましょ

う。私は布団圧縮袋の空気を吸い出す音が嫌で手放しました。

【嗅覚】

嗅覚は敏感です。気分を左右します。香りが苦手な化粧品、きつい芳香剤や柔軟剤の匂いなど。洗ってもなかなか取れず、慣れないものは手放しましょう。私は衝動買いしたランチョンマットのビニールの匂いが、鼻にこびりつくので手放しました。じゅうたんやバスマット、古くなったタオル、使い込んだ革製品、汗臭い靴。これらは古くなったモノ特有の匂いです。嫌だなと感じた場合は捨てる理由になります。

【触覚】

かわいいけどチクチクするセーター、タグの部分が肌に当たって痛いカットソー、くしゃみが出そうなファー、締めつけられる下着などです。

人によっては逆もありで、私はバスタオルは新しいふわふわのものよりガサガサになった触感が好きなので、大切に長く使っています。

【味覚】

口に合わないお菓子、いただきものの飲まないお酒。また添加物の表示を気にしたら減らせたという人もいました。私はビールが苦手なので、景品で当たった時は、おいしく飲んでくれる友人にもらってもらいます。

【視覚】

視覚は選別の大半を占めます。デザイン、色、雰囲気など、純粋に「好きだな」と思うモノを残し、ちょっと自分のセンスと違うと感じるモノは手放しましょう。

加えてもうひとつ、**第六感**も決め手にしましょう。

なぜかわからないけれど縁起の悪そうなモノ、背筋がゾワっとするモノ、モヤっとする相手からもらったモノなど。**心がざわめくなら手放してよい**のです。

ときめくモノは第六感でも「好き」と感じているかもしれません。一方で、自分にしかわからない第六感で「なんとなく」嫌なモノもあるはずです。

「なんとなく」も大切な基準

モノ減らしの極意Ⅱ：リサイクルで手放す

いろいろ考えたけれどやっぱりまだ迷う。では、

「捨てられないなら売ればいい！」

と私は言いたいのです。第三者に判断をお任せしましょう。つまりリサイクルです。きれいなモノや新しいモノ、まだ使えそうなモノはゴミ箱には捨てづらいので、私はリサイクルショップのお世話になっています。

第三者の目はモノを冷静に判断してくれますし、リサイクルなら捨てる罪悪感もありません。しかも売値がつくとちょっとした**お小遣い**になります。

ネットフリマもありますが、モノが多いと、撮影が……、紹介文が……、荷造りが……とモタモタして結局、手放す機会を逃してしまうかもしれません。

出品から発送の手間が苦にならない方にはネットフリマを活用するのをおすすめしますが、出品が面倒ならば、よほど高値がつきそうなモノを除いて、対面式のリサイクルショップに持って行きましょう。

次に喜んで使ってくれる人にバトンタッチするんだと思って潔く手放すのです。

＊モノの"キリ"をつける

リサイクルショップと私は、かれこれ20年以上のおつき合いです。

私がリサイクルショップを利用するのは、モノを循環させて減らしたいからです。

お店に持って行く時は、服はアイロンをかけて、小物は汚れを取って袋に入れます。

いくら手放すとはいえ、お店のスタッフさんへの配慮と、**これまで一緒にすごしてき**

たモノたちへの最後の愛情です。
そんな中、大きな袋にガサツにドサッと詰め込んで売るモノを持ってくる人を見かけると切ない気持ちなります。中のモノを哀れに感じます。無造作に持ってくるその人の姿を見るだけで、どんな部屋でどんなモノの扱い方をしているかが見通せてしまいます。

手放す時にこそ丁寧に扱う。それがモノを大切にすることではないでしょうか。

最後まで使い切れれば、それがよいでしょう。しかし、お疲れ様と幕引きをしたり、次にバトンを渡してあげることだってモノを大切にしていると言えないでしょうか。

モノが捨てられないという人に理由を聞くと、最後まで使い切れないのにもったいないからと言います。しかし、モノは勝手にいなくなることはできません。だからこそ、**モノの〝キリ〟をこちらで決めるのも、手に入れた側の責任だと思うのです。**

その責任を放棄して、似たようなモノをどんどん増やしたり、飽きたのにそのまま

放置して忘れ、新しいモノを買ってしまうなんて、かわいそうではありませんか。

リサイクルではモノの価値がわかります。「これは売れる」と思っていたモノに値がつかなかったりと、学びもあります。

ここで強欲な気持ちがあると、「せっかく高かったのに、50円にしかならなかった」とブツブツ言って、気分よく手放せません。そんな私も、実は「これは高く売れる！」と勇んで持って行ったダイエット器具が0円だった時はガクッときました。

なので、ここでは高値で売るためではなく、手放す手段として考えてください。小さな利益よりも大きなすっきり感を得ましょう。

モノを手放すのはつらいものです。無駄な買い物をしちゃったなと反省する時もあります。後悔したくないからこそ捨てられない場合もあるでしょう。

でも、手放すことを繰り返すと、だんだんと後悔しないモノの選び方が身につき、無駄な買い物をしないように自然とできるようになるのです。

モノ減らしの極意Ⅲ：

納得できないなら捨てない

どうしても手放せないモノや、手放したら後悔しそうなモノならば、**今はその時期ではない**のかもしれません。一時保管の枠をつくってもいいのです。**手放すことにいちばん必要なのは、自分自身の「納得」です。**自分が納得しないで手放したモノたちについては後で後悔することが多いです。

3ヶ月後、もう一度仕分けからやり直してみましょう。今手放せないモノでも、その時には「もういいかな」と思える場合があります。だんだんと一時保管のモノを減らし、保管スペース自体がなくなれば、かなり片づけ上手になっているはずです。

CHAPTER

5

収納の基本は「立てる」「かける」でうまくいく

❹ 収納の2大テクニック

ここまでで、枠を決めて、モノを減らしてきました。次は収納です。みなさんも、これまでいろいろな収納テクニックを試してきたのではないでしょうか。

本章で最初にお伝えしたい私のおすすめは、たった2つの方法をマスターすることです。それは、**「立てる」「かける」**の2つです。

私は、片づけの便利グッズをあまり使っていません。ただ減らして枠内に収めているだけですが、立てる・かけるの視点に集中し、「どうやったら立てられるかな?」「これは何を使ったらかけられるかな?」と考えると、収納テクニックに迷わず、だ

んだんと楽しくさえなってきます。そんな方法をお伝えします。

＊立てる収納

モノを立たせて収納する方法です。

ペン立て、歯ブラシ立てのように、**取り出しやすい**利点があります。

また、引き出しのTシャツ、下着や靴下なども立てて並べます。そうすると、上から**在庫が確認しやすく**なります。同じく、プラスチックケース、かご、箱などに入れるモノは立てて収納します。

ポイントはたたみ方です。**同じ大きさ、高さで揃えてたたむ**のです。それを手前から使い、洗濯したら奥に入れるというローテーションで使えば、服の劣化が偏りません。立たせづらいモノはブックエンドなどを利用して支えます。

【立てる収納に向いているモノ】

下着、靴下、タオル、Tシャツ、鍋のふた、キッチンカトラリー、包丁、冷蔵庫の野菜、冷凍庫の肉や魚、調味料、本、DVD、ファイル・布団シーツ、靴

しかし、中には立てる収納に向いていないモノもありました。

・押し入れの布団：圧縮袋を使って空気を抜き、硬くなった布団を立てる方法ですが、圧縮の作業が面倒になってやめました。
・キッチンのフライパンなど：ケースに入れて立てて収納する方法は、ケースを買うのが億劫でやめました。重ねて収納しても私はさほど不便と感じていません。
・食器棚の皿：立てて収納するより、お皿の面を上に向けて重ねたほうが美しいと感じてやめました。

「面倒」「違和感を感じる」場合には、立てる収納は無理にやらないほうがいいでしょう。

＊かける収納

空間の隙間を有効活用して収納する方法です。

フックを使って扉の裏側や壁面を利用したり、突っ張り棚やバーを取りつけて引っかける方法です。

穴を開けたらかけられそう、S字フックでかけられそうと、私はいろいろなモノをかける収納にアレンジしてきました。

懐かしい光景かもしれませんが、八百屋さんにあった天井から吊り下げられているお釣り入れをイメージしてみてください。これもかける収納です。かごを吊り下げれば、小さなアイテムをまとめてぽんぽんと入れるだけなので便利そうです。

【かける収納に向いているモノ】

洋服、帽子、傘、ベルト、ネクタイ、アクセサリー、配線コード、ドライヤー、調味料、ゴミ袋、洗剤、掃除道具、コップ、ハンドクリーム、歯磨き粉

立てる収納

野菜は紙袋やジップバッグに入れて、野菜室に立てて並べます。

たためる衣類は、基本立てて収納。Tシャツ、下着など、同じ高さになるようにたたみます。

朝ごはん用のジャムセット。スプーンを立てたくて、木製のトレーにスプーンを立てられるフックを取りつけました。

マルチカバーも薄くたたんで立てる収納。

ハンカチ、ティッシュはもちろん立てて並べ、右から使って、洗濯後は左に入れる。

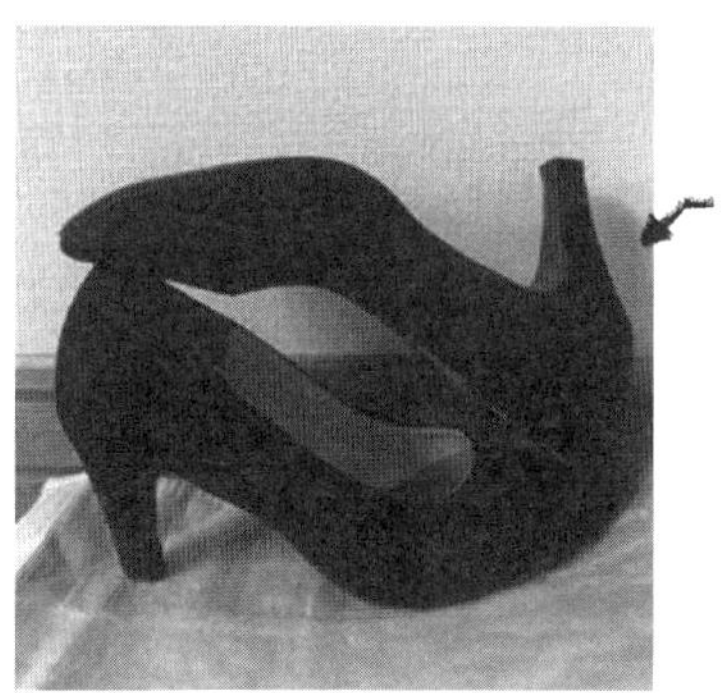

互い違いにして重ねた靴を紙袋に入れます。お菓子に入っていた乾燥剤を一緒に入れて二次使用。

靴を重ねて紙袋に入れて収納。袋に入れると見栄えもよくなります。この袋は、マジックテープで口を閉じられ、繰り返し使えます。

かける収納

お風呂のバーには、クリップつきフックで洗顔料をかけています。

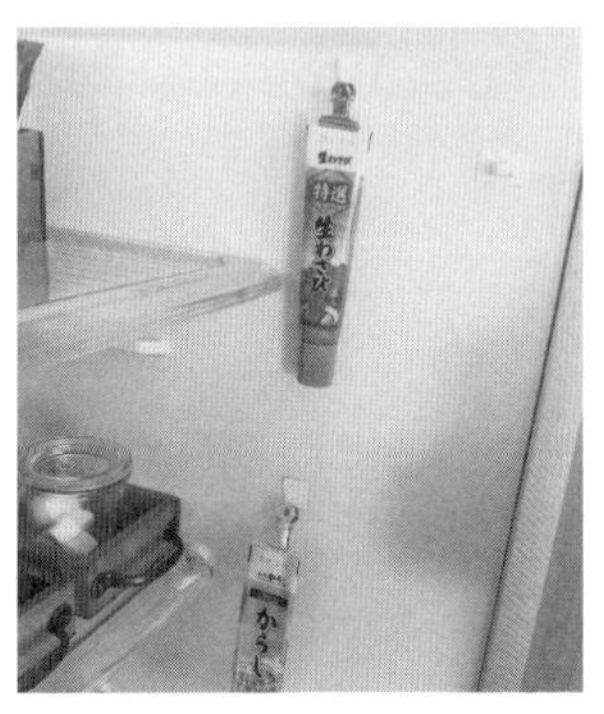

冷蔵庫にフックをつけて、クリップで留めたチューブ調味料をひっかけています。

玄関の帽子かけ。ディスプレイのように映える帽子だけに限定し、植物もかけて飾ります。

洗面所の扉の裏側。バーを取りつけて、ドライヤーや霧吹き、雑巾などをかけています。扉を開けば隠れるところもポイントです。

玄関脇のバーに、傘と普段使いの帽子をかけています。

家族の鍵をまとめてかけられるコーナーをつくりました。

掃除用品をかけて収納。好きなデザインのものだと、かけて見せる収納ができます。

洗面所のかける収納（96ページ参照）。

❶

位置を決めて整える

＊出番と収納位置の関係

モノを減らして収納していくと、元はそこにあったモノなのに、「これはこの場所じゃないな」とか「これはあまり使わなくなったな」と思うモノが出てきます。その時は、収納場所を移動させましょう。

モノの使いやすさは**適材適所**にあるかどうかです。よく使うモノは近くに、出番が少ないモノは遠くに。この単純な配置方法が肝です。3つに分類してみましょう。

出番の頻度で収納場所を決めよう

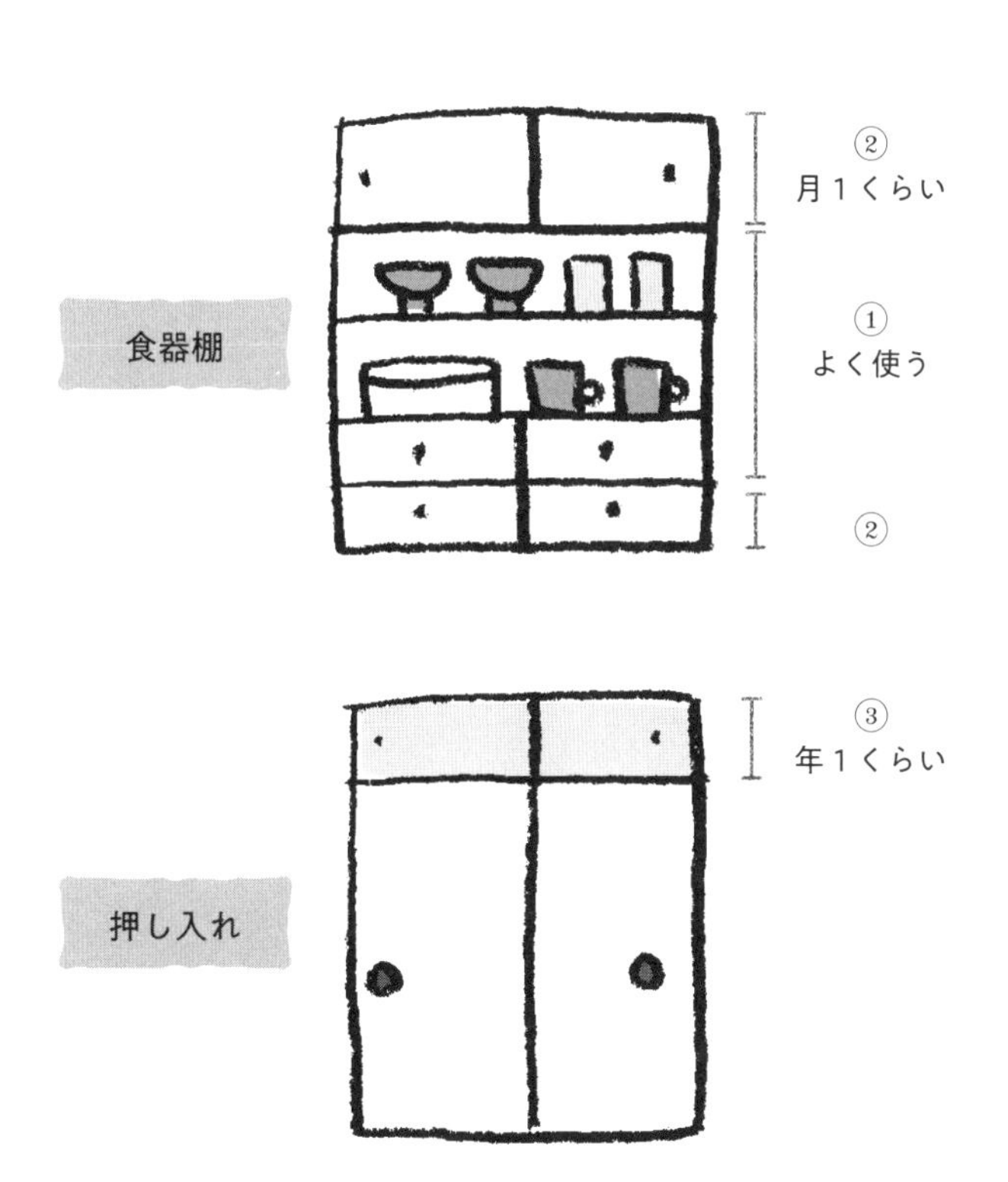

①毎日～週1で登場：腰から肩の位置に収納
②月1くらいで登場：収納場所の上部か下部に収納
③年1くらいで登場：家の中で遠い場所・物置・高い場所へ収納

*見た目を整える

モノは面と向きを揃えるだけで、すっきりと見えます。**面はモノの顔です。**本で言えば表紙や背表紙、モノならラベル・柄・色・素材を揃えて並べましょう。

私は、モノに「日本語表記」があると、見た時にうるさく感じるので、視界に入るモノは、別容器に移し替えるようにしています。すると、見た目がすっきりします。

そして、**向きは同じ方向に揃えましょう。**洋服ならハンガーの向きを揃える、靴ならつま先側を前にして揃える、カップは取っ手の向きを揃える、という具合です。

収納サイズの枠に合わせた買い物を意識しよう

主婦になると、買い物の基準は「お得感」。少しでも安いと即買いしたくなります。

しかし、**値段だけを基準に勢いで買ったモノは、収納に収まらないサイズである場合が多く、**せっかく決めた枠からはみ出してしまったという事態が起こりがちです。

そうなると、なんとなくその辺に置いてしまったり、それだけ別に収納したりと、決めた収納ルールも崩れてしまいます。

「そんなのは小さなことでは？」と思うかもしれませんが、そうやって**収納枠から**

はみ出たモノがひとつふたつと増えると、結果いろいろなモノが溢れ出てきてしまうのです。一度ルールが崩れると不思議なことに、普段しまってあるはずのモノまで出てきてしまい、どんどん出しっ放しになってしまう可能性が高くなります。

収納枠を意識すると、価格的に損を生じても、収納枠に合ったサイズのモノを選べるかどうかが、**美しい収納の分かれ道**となります。

わが家のヘアスプレーの例です。私がよく購入するドラッグストアでは、大きいサイズのほうが小さいサイズよりも価格が安いのですが、それだと引き出しに入れると取り出すのが面倒。しかし、洗面所に出しっぱなしなんてもってのほかです。

そこで、あえて引き出しに収まりがよい小さいサイズを購入しています。毎日使うモノではないという点も考慮してのことですが、お得感よりサイズ感で選んでいます。これで、**取り出しやすくしまいやすいという使いやすさを手に入れました。**

買い物は個人の自由ですが、新しくモノを購入する時は、**「あの場所にきちんと収まるかな？」**と収納の枠との兼ね合いを意識して選んでみてください。

キッチンは「やめる」と「まとめる」ですっきりする

ひとりの主婦として、上手な料理とは、「必要な材料を効率よく揃えて、いかに無駄なく活かすか」「つくった料理をお皿の枠の中でどれだけおいしそうに魅せるか」、この2点が重要だと思っています。

こう考えると、**料理と片づけは似ている**と思いませんか？

こどもに片づけを教えるとしたら、必要な材料の調達を考え、人数と食べ切れる量の枠の中でつくり、キッチンのどこに何があったら便利なんだろうと効率を意識しながら行なう料理を手本にするのがうってつけです。

ですから、**キッチンがどうなっていたら便利で使いやすいかを考えるのは、調理中がいいでしょう。**

料理は嫌いじゃないけれど、毎日やっていると面倒に感じるという方も多いでしょう。だったら使いやすく負担のないキッチンを目指したいと思いませんか。

私自身、調理時間や後片づけを短い時間でできたらと、面倒に感じることや苦手なことは何だろうと考えました。そこで、「やめたもの」をご紹介します。

＊やめたもの

・キッチンマット：洗うのが面倒、床が汚れたらすぐ拭けばいい
・三角コーナー・排水口のふた：カビを落とすのが面倒
・電子レンジ：セットするのが面倒

・トースター・オーブントースター：魚焼きグリルで代用
・洗いかご：食洗機に変更
・吊り戸棚：キッチンをすっきりさせたい
・来客用食器・カトラリー：来客も家族も同じモノを使う
・調味料の小分け：一袋ごと収納できる大きさの調味料入れに
・タッパーに料理を取り分け：残らない分量でつくる
・冷蔵庫のサイズは大きいほどいいという考え

＊まとめたもの

わが家の冷蔵庫は、壊れたことをきっかけに、思いきってサイズを小さくしてみました。その結果、容量に困ることはなく、買い物量もそんなに変わりませんでした。食材は週に2回くらい、使い切ってから買い物に行くスタイルです。私にはもともと大きい冷蔵庫は必要なかったのでした。

そんな冷蔵庫の中では、使いやすいように、シーンごとに「まとめる」ことをしています。

・朝ごはん用セット：ふりかけや昆布など、ご飯に乗せるモノを瓶に入れてセット
・お弁当セット：前日の夕飯時に切っておいたお弁当用の野菜など
・パンセット：ジャム・バターにスプーンをつけて
・中華セット：豆板醤・オイスターソース・甜麺醤など
・味噌汁セット：だし・味噌・わかめ・麩
・お菓子づくりのトッピングセット：こどもの友達が来た時にデコレーションしたり

冷蔵庫以外でも、お茶セット（紅茶や緑茶をかごに入れて）、粉類セットと、使う用途やシーンに合わせて、「まとめる」収納をし、効率化を図っています。

BEFORE　　　　AFTER

大きな冷蔵庫（左）から小さな冷蔵庫（右）にチェンジ。圧迫感がなくなり、色も白くなってよりすっきりしました。

冷蔵庫の中の「まとめる収納」。朝ごはんセット、ジャムセット、調味料セットなど、木製のトレーやかごでまとめて、そのままテーブルに運びます。

おしゃれ好きなら洋服は堂々と増やしてよし

「あなたは年間どのくらいの洋服が増えますか？」

クローゼットの片づけセミナーでは、年間で増えた枚数や金額を質問しています。この数字を知っておくと、どれだけ増えたから、どれだけ減らさなければならないのかがわかるからです。初めてこの質問をした時は、さぞやみなさん多いことだろうと、私は勇んで尋ねました。すると……。

「バーゲンを狙って年間15着」

「月に1着で年間12着くらい」
「新しい季節に2枚くらいだから、年間8枚くらい」
「年間2枚くらい……」

えっ！　**何と受講生の枚数より私の年間購入枚数のほうが多い**ではありませんか。

そうなのです。私は洋服好きなので、年間20着は増えます。質問した私のほうが多いことに気づくというオチです。

しかし、受講生の中には、お下がりをよくもらうから年間40着とか、ネットショッピングが好きだから年間50着と、私を上回るツワモノもいたので、ちょっとほっとしました。

あなたも年間で何枚増えるか数えてみてください。

収納について、100人の方にアンケートを実施したら、いちばん悩みの多い場所がクローゼットでした。洋服がたくさんあって、着こなしや収納に困る「苦労ゼット」になっていたのです。

片づけ本を読むと、減らそう減らそうと書かれているいちばん増えやすいアイテムの洋服ですが、私はあえて、**「洋服は元気に増やそう!」「前向きにどんどん買いましょう」**とおすすめしたいのです。

おしゃれを楽しみ、今の自分をもっとも魅力的に見せてくれる洋服を選べば、クローゼットはイキイキとした場所になるのです。

そこで収納をどうするかです。ここでも枠を決めます。収納の幅、自分が迷わず選べる洋服の枚数の枠を決めるのです。

＊収納のサイズと枚数を把握する

洋服の整理は、数値化するとわかりやすいので、私のクローゼットを例に出します。

現在は合計89着ですが、バーゲンがあると増えます。89着を単純に計算すると、1

私のクローゼット

合計 **89** 着

シーズン20着になります。

ブラウスやスカートはハンガーでかける収納。キャミソールや下着はプラスチックケースに立てる収納で入っています。この写真以外に、冬用のコート2着は玄関スペースにあります。

このクローゼットのサイズが私の手持ちの洋服の枠になります。まだスペースがありますが、それを言いはじめるときりがなくなるので、これ以上の量にならないように調整しています。

＊洋服を減らすコツ

私は、年齢と共に変化する自分に「似合う」寿命は3年とお伝えしています。3年前に似合った洋服を着て、今もう一度鏡で見てください。3年前と同じように似合っているでしょうか。サイズは合っているでしょうか。きつかったり、変なところにしわが寄っていませんか？　それでも大丈夫と思うなら定番の似合う形、鉄板サイズで

しょう。客観的にわからないなら家族に見てもらいましょう。

さらに、手放す見極めのルールを設定しておくと、手持ちの洋服の質が整います。

・白い服は**黄ばんできたら**
・セーターは**毛玉が目立ってきたら**
・Tシャツは**ハリがなくなったら**
・シャツは襟が**ヨレてきたら**
・ボトムは着用時の**シルエットが変化したら**

1年着ていない洋服は、鏡の前で着てみて確認してください。

＊クローゼットを整えることは自分を大切にすること

あなたのクローゼットの中身のすべては、あなたにとびきり似合う洋服でなくてはいけません。だから似合わない洋服をつい買ってしまわないよう買い物ミスに気をつけましょう。ろくに試着もせずに買ってしまった時は、家に帰ってから失敗に気がつくことがよくあります。お店で買う時は、必ず試着しましょう。

洋服を選ぶ基準は、その時の「自分軸」でいいと私は思います。よく「一生モノを買おう」と言いますが、人は時間と共に、好みも体型も変わるものです。それよりも、「今の自分に似合うモノ」を選んだほうがいいと思うのです。手持ちの洋服を循環させるためにも、この基準が役立ちます。

手持ちの洋服を把握していれば、買い物ミスはなくなります。手持ちを把握するためにも衣替えと片づけは大事なのです。

❶ 神対応な「紙対応」を

郵便物、新聞、チラシ、学校のプリント、習い事関係、町内のお知らせ、仕事の資料、イベント案内などなど、デジタル社会なのに増える紙類。

紙類の〝神対応〟の鉄則は、**情報が伝達されたら（紙の目的が達成されたら）、なるべく早く「捨てる・保管」の処理をすることです。**そうすることで、わが家では紙の悩みはありません。

紙類を上手に片づけるためには、まずはそれぞれの役割を知っておきましょう。

①**お知らせ**：伝われば役目は終了。理解したら処分。
②**提出物**：返事（提出）をしたら役目は終了。開催日や持ち物を忘れそうならスマホで撮るか、カレンダーに書き込んで処分。
③**保管物**：主に重要書類（住宅関係・保険関係・公的書類・取扱説明書・保証書など）。保管場所をきちんと決める。保管の鉄則は「立てる収納」。

私はすぐに確認したいものや短期保管の紙は、**バインダーに挟んで炊飯器の横に置いています**。料理をしている合間にぱっと見て確認しています。挟んでいるものは、こどもの学校の予定、町内の地図、電車の時刻表、コンサートのパンフレット、愛犬の予防接種のハガキなど、手元にあると便利な情報です。

冷蔵庫やボードにプリントや行事予定を貼っている方も多いかもしれませんが、挟むだけのこの方法は簡単ですし、壁の場所も取らないので、見た目にも最適です。

長期保管する紙類の仕分けは、**「重要書類」と「取扱説明書」を1冊のファイルにまとめて**います。ファイルはＡ４サイズの透明ポケットタイプを活用しています。

すぐ確認できるところにバインダーを

炊飯器の横に立てて置いているバインダー。直近で確認したり、提出しなくてはいけない書類を挟んでいます。

こどもはたいてい忙しい調理中や朝の時間にプリントを持って来るものです。そこで私は、カトラリーの引き出しに、ペン、ハサミ、のりなどの文具を入れて、素早く対応するようにしています。

❶ 思い出の品は眠らせない。活用して片づけよう

あなたが捨てられない思い出は何でしょうか？

思い出は減らしにくいものですよね。過去の仕事のグッズ、習い事の教材、サークルの衣装、友人からのプレゼントや手紙、こどもの成長記録や作品、ペットの記録などがあるでしょう。私が中でも捨てられないのは、落ち込んだ時に振り返りたくなるこどもの成長記録です。

捨てられないモノは、**自分が「何を大切に生きているか」**を教えてくれます。

以前、年賀状が捨てられず、十年分以上を大事に保管している方がいました。出会った人とのつながりを大切にしたいという考えからでした。それはとても素敵なことです。でも手紙も同じですが、たとえ形を消しても記憶や縁は切れません。その人を大切に思う気持ちは残ります。「この箱に入る分だけ」と枠を決めましょう。

また、収納しておく箱も、思い出を活用してはどうでしょう。旅行の思い出なら使わないスーツケースとか、こどもの思い出ならランドセル、仕事の思い出なら当時のファイルケースなどに収納するのです。

こどもの思い出箱としておすすめなのが制服の箱です。わが家では、小学校の思い出は中学校の制服の箱、中学校の思い出は高校の制服の箱に入る分だけ残しています。

ほかにも、こどもが小学生の時に使った算数セットのおはじきケースを手芸道具のケースとして活躍させています。

夏休みの宿題の工作も、長く遊べるものや、ずっと飾っておけるようなデザインでつくることで、処分する選択肢をなくすこともできます。

❶ 忘れ物防止に「玄関収納」のススメ

外出しようと扉を開けたら思いつく「忘れ物」。

一度履いた靴をもう一度脱いで戻る、面倒だったら片足だけ脱いでケンケンしながら取りに行く……。この時間がいちばん無駄だなあと感じながらも、〝うっかり〟は起こります。

時間に余裕を持って、きちんと意識して、落ち着いた行動をすればいいのでしょうが、毎日の予定や子育てなどに追われていると、完璧には予防できません。

そのストレスを少しでも解消するために、**玄関に「持ち物ボックス」をつくる**と便利です。**帰宅したら、かばんの中身を全部その中に出すのです。**そして次の日、出かける時に、**その日に使うかばんに必要なモノを入れます。**

すると、不必要なモノを入れっぱなしにすることもないので、余計な荷物でかばんも重くなりません。女性は特に、用事によってかばんを使い分けたり、変えたりすることも多いでしょう。そうすると、どのかばんに入れておいたかわからなくなる、**入れっぱなし防止**にもなります。

帰宅後に中身をまたボックスに戻しますから、**かばんを休めることもできます。**持ち物はその日に使う分だけ持ち歩く、かばんが枠になるのです。

＊こどもの忘れ物防止にも玄関収納を

子育て中のお母さんから、「こどもの忘れ物を減らすにはどうしたらいいでしょう」と相談されることがよくあります。

気の利いたお母さんほど、「忘れ物はない？」「あれ持った？」「これ持った？」「今日はこれがいるでしょ」と声をかけ、こどもの準備を手伝います。

こどもを気遣うその気持ち、私もとてもよくわかります。しかし、同時にこどもの意識づけの妨げになるのではと思ったりもします。

「お母さんに聞けば大丈夫だ」
「大事なことはお母さんが教えてくれる」
そんな依頼心の強い姿勢になってしまったら、本当に忘れ物をした時にはお母さんのせいにされかねません。

そうなる前に、小さい時から自分の持ち物は自分で準備させたいものです。そのためにも玄関収納をおすすめします。

わが家の忘れ物防止策として、**「同じ時間に、一箇所で揃えられる収納」**を玄関の

すぐ近くにつくりました。中身は、**ハンカチ、ティッシュ、マスク、カイロ**です。
もちろん立てて収納し、取り出しやすくして、かつ、こどもが自分で選べるように配置するのがポイントです。私が忘れやすい保護者会や参観日用のスリッパも玄関に置いています。
一度習慣がつくと、親が心配しなくても自分で確認するようになってくれます。

CHAPTER

6

いかに
片づいた状態を
キープするか

ちょっとした視点のスイッチで世界が変わる

動線を活かしたキッチンの片づけを希望される依頼者のお宅に伺った時のことです。まずは現在どのようにキッチンを使っているか検証しながら、ふたつの引き出しを開けてみました。すると、

コンロ下の引き出しの中にはコップが並んでいて、
シンク下の引き出しの中には鍋やフライパンが入っていました。

もしあなたが片づけの先生だとしたら、どうアドバイスしますか？

そうです。コップと鍋の収納場所を逆にするとベストですよね。シンクの下にコップ。コンロの下に鍋。これで動線上も使いやすくなります。

すぐにお伝えすると、「本当だ。そうですね！　気がつかなかった」と喜ばれました。

このように、考えてみたら当たり前だけど、「言われてみないと気づかない」というポイントは、探すと見つかるものです。

＊意識してシミュレーションする

ではどうして普段は気がつかないのでしょう？

それは、**動作が「習慣」**になっているからです。

習慣は無意識。**無意識だとそれが使いやすいかどうかなど、たいして気にしないものなのです。**

料理をするたびに、「包丁はどこだっけ？」と探すことはないでしょうが、では、その包丁が「どこにあると使いやすいか」は考えないでしょう。

それは、**実際に意識してシミュレーション動作をする**とわかります。

まな板は左側から取り出すから、包丁は右側かな？　左手で扉を開けて右手で取り出しやすいのはここかな、など自分が使いやすい場所がわかるはずです。

これを何度もやってみると、**「ここだ！」という抜群の場所が見つかります。**それを習慣化すれば、自然と使いやすい動線になるのです。「こっちから」「いや、こっちから」と、ばかばかしいかもしれませんが、いろいろなパターンでシミュレーション動作をしてみてください。

＊不便だと思うことは我慢しない

さて、続いての事例です。

お子さんは4人、毎朝お弁当づくりに忙しいA子さんのキッチン。炊飯器のすぐ下の引き出しにはお菓子づくりの道具が入っていて、肝心のしゃもじは方向転換した別の場所にありました。

「いちいち振り向いて取るのは不便じゃないですか？」と聞くと、**「確かに」**というお返事。

さて、この「確かに」は、「気がつかなかった」の「確かに」ではありません。**不便だなとは感じつつも、忙しいのでそのままで我慢していた**のです。ですから、「やっぱりそう思うよね？」の「確かに」なのです。

忙しいと、ちょっとの不便を改善する手間も面倒なので、我慢してしまうのです。

しかし、このちょっとの不便を変えるだけで、「おー！　使いやすい。何で今まで我慢していたんだろう？」と思えるのです。

A子さんのキッチンも、炊飯器下の引き出しには、しゃもじ、そしてお弁当箱やふりかけなどが配置されました。これならご飯をすぐによそって詰められますね。ご本人もとても便利になったとうれしそうでした。

ちょっとの不便は、忙しいほど我慢してしまうものなのです。毎日、毎回不便だとわかっていても、そこにかける時間と我慢を天秤にかけて、我慢を取ってしまうのです。

無意識に我慢していることもあるので、「ちょっと不便」と思う箇所を意識して探してみましょう。普段意識していないスポットにちょっと光を当てるだけで、使いやすさが変化します。きっと、ひとつ、ふたつと、ぽろぽろと見つかるはずです。我慢に慣れないようにしましょう。

「ちょっと我慢」をあぶり出そう

捨てるまでが
億劫

取りに行くのが
ちょっと遠い

取る時に
ちょっと邪魔

いちいち面倒

毎日使うのに
ちょっと不便

ひと手間
多い

本当は
やりたくないのに

……でも我慢。
していることはありませんか？

こだわりを持とう 増やさない努力

せっかくモノを減らしても、モノが増えやすい習慣があるならば、いたちごっこになってしまい、片づけ効果が続きません。

ついつい買ってしまう**「安いから」「一応買っておこう」**という発想。これこそがモノが増える落とし穴です。

私も100円ショップでよくありました。お弁当の紙カップだけ買おうと思って行ったのに、「あ、これも買っておこう」「これは便利」なんて、あれこれかごに入れ、お会計になって「結構買っちゃった……」と気づくのです。

ある年、100円ショップでどのくらい失敗があったか計算してみたら、1年で3万円を超えていました。そんなに使っていたなんて、かなりショックでした。

今では**100円ショップに行く時は戦い**だと思っています。いかに誘惑されずに目的の商品のみをつかんでレジに辿り着けるかの勝負です。

モノを増やさないために重要なのが「こだわり」です。

〝ついつい買い〟ではなく、自分のこだわりを大切にモノを選ぶクセをつけましょう。

私が好きなタイプはこれ、この色はちょっと薄い、デザインはいいけど文字がプリントされているからかっこよくない、など査定を厳しくすればモノは増えません。

小さなモノ、安いモノだからいいでしょとは思わずに、どんなに小さくても、どんなに安くても、「ちょっと待てよ」と考えるクセが訓練になります。

こだわりの視点が磨かれれば、「モノを増やさない意識」も高まります。

⬇ 増えやすいアイテム 捨てづらいアイテム

こだわりを持った買い物をしていても、しっかりモノを減らしても、家には贈り物や粗品がやってきます。それに、生活をしていると、どうしても増えやすいアイテム・捨てづらいアイテムが出てきます。それらも「これだけ」と枠を決めて対処していきましょう。

【ペン】

ボールペン、シャープペン、筆ペン、マジック、鉛筆、万年筆、アッポーペン……。

種類豊富にたくさんあるのに、普段使うペンは2、3本に決まっていたりします。家に存在するのは**各種3本ずつ**に厳選して絞りましょう。

文房具は家の一箇所にまとめず、リビング、キッチン、玄関、仕事スペース、こども部屋など、**点在させる**ことでまんべんなく使えますし、遠くまで取りに行かなくていいので便利です。

粗品などは安易にもらわないように意識し、書きやすさ、使いやすさの好みを把握しておくと増えにくくなります。

【包装紙・箱】

プレゼントでもらった包装紙を保管したり、引き出しの下に敷いたりする方もいるでしょう。しかし、**包装紙の寿命は「プレゼントを開けるまで」**と決めましょう。

素敵なお菓子の缶や箱、携帯電話の箱も取っておく割合が高いアイテムです。でも使わないなら割り切りましょう。リサイクルで売る時のために保管している方もいますが、現実問題として、リサイクルに頻繁に出さないなら場所を取るだけの気休めの保管です。思いきって手放しましょう。

【紙袋】

誰かへのおすそ分けやお届け、**返却にはきれいな無地の紙袋がおすすめです。**無地だと袋に直接メッセージを書いたり、リボンやマスキングテープを貼れば、ラッピングのようにアレンジできます。

取っておく場合は、幅10センチのボックスに入る分だけと、枠を決めましょう。

【リボン】

リボンは**アイロンできれいに伸ばし、丸めておく**と便利です。それが面倒なら処分することをおすすめします。

【スーパーのビニール袋】

スーパーの袋は有料化が多くなり、そうなると、なかなか捨てられない袋となって

しまいました。「一応」「念のため」という理由で集めてしまうと、すぐに増えてしまいます。

私は冷蔵庫の中に4枚だけストックしています。なくなるかなというタイミングで買い物をした時にまた溜めます。なので、ビニール袋が必要な時はあえてエコバッグを持たずに買い物に行きます。

「取っておいて何に使うのか」を明確にしておくと、増えにくいでしょう。

【鍵】

自宅、実家、物置き、自転車、勝手口、ポスト、引き出し、スーツケース。**家中の鍵という鍵を点検**してみてください。「あれ？　これ何の鍵だっけ？」というのが現われるかもしれません。全部の鍵が現在、使っている鍵でしょうか。

スーツケースの鍵も、うっかり紛失して泣く泣く壊すなんてことにならないようにしっかりと管理しましょう。私はポストの鍵をなくしてしまい、ネットで取り寄せるまでしばらく郵便物が取り出せないという残念な体験をしました。

【年賀状】

顔写真や個人の住所、プライベートなことが書かれているので、捨てにくい気持ちもあるのですが、場所も取ります。まずは、**保管期限を決めましょう。**処分にはシュレッダーにかけたりと時間もかかるので、「1年」でもいいと思います。

【化粧品のサンプル】

もらったその日に使いましょう。使うのも面倒なら、もらわない決意も必要です。

【薬】

基本、**病気が治ったら、残った薬は捨てましょう。**私も、こどもの座薬などを冷蔵庫で保管していましたが、実際に熱が出た時はすぐに病院に行くので、ほとんど使いませんでした。市販の薬もうっかり使用期限が過ぎていると危険です。**健康にかかわることなので、**飲み薬以外にも、湿布、塗り薬、目薬も**定期的にチェック**が必要です。

モノにも温度がある

「モノってそもそも無温でしょ？」と、思ったあなた。では、思い出してみてください。

学生の頃に大好きだった人からもらったラブレター。
デートのたびに登場したお気に入りのブラウス。
続きが気になったあの小説。
毎日挑戦したゲームソフト。

趣味のモノから生活の一部、心のよりどころだったモノの数々を。

かつてはアツアツで、とてつもなくあなたに必要な存在だったはずです。しかし、今も同じとは限りません。思い入れも変わり、モノ自体の温度も冷めていたら？

例えば、自分に似合って素敵だと感じていた洋服の温度。今はサイズが変わってしまって着られなくなったとしたら？　その洋服は、冷めた気持ちでいるかもしれません。


「今度」「いつか」使うだろうと、いつしか忘れられて、**そこに〝あるだけ〟になっているのなら、もうそれは、あなたの心を温めてくれる存在ではなくなっているはず**です。それがお別れ時ではないでしょうか？

＊モノや思い出は時と共に温度が変わる

でもここで大切なのは、かつてラブレターをくれた相手への情熱は、間違いなくその時は存在していて、**共にすごした時間や記憶自体は冷めないということ。**

もし、現在も愛おしく心を惹きつける温度を保っているのなら、もちろん手放す必要はないはずです。

ただ、この先も新しいモノとの巡り合いはあります。

これから出会うであろう素敵なモノたちを呼び寄せる場所やゆとりは確保しておきたい。だからこそ、冷えたモノは潔く手放して、記憶の中へ「セイグッバイ！」。

「そんなことできない！」と思ったとしたら。

実は、**しつこい気持ちはモノの側としても迷惑。**

「私にも次の相手がほしい！」

「かっこよく去りたい！」

そんな声が聞こえませんか？

思い出は心の中に

CHAPTER

7

片づけられる
こどもに育てる
4つのステップ

❹ こどもの片づけ能力を引き出す

こどものおもちゃの片づけに困っているという相談はよくあります。しかし、そもそものおもちゃを増やしているのは大人なのですよね。

おもちゃの収納に悩むお宅は、本当におもちゃが多いのです。遊び切れないのではと思ってしまうほどです。私は、「おもちゃが多い＝遊びが豊富」ではなく、ひとつのおもちゃをいろいろな角度で創造できる力をこどもは持っていると思っています。

「片づけなさい」と言い続けるお母さんの気持ちが楽になればと、私は「親子片づ

け セミナー」を開催しています。これまで、4歳から小学6年生までの親子連れにご参加いただきました。

参加に積極的なお母さんとは対照的に、こどもたちは〝連れて来られた感〟満載で、顔には「それより遊びに行きたい」と書いてあります。

そこでセミナーでは、「散らかしゲーム」を最初にします。「散らかし?」「ゲーム?」と、こどもたちは急に興味津々になります。

ゲームは簡単です。

セミナールームを家の中と想定して、「椅子にはお昼寝毛布を置きます」「ここは絵本コーナー」と、私が持参したいろいろな生活用品やおもちゃをセットします。

次に、お母さんたちにそれらをてんでバラバラに散らかしてもらって、いよいよこどもたちの出番です。記憶を頼りに元にあった場所に戻してもらうのです。

普段と逆のシチュエーションに、こどもたちは楽しそうに参加してくれます。

このゲームで伝えたいのは「こどもの記憶力が素晴らしいこと」ではありません。**「こどもは元の場所がわかれば戻せる」という点です。**

私たちは忙しくなるとつい、説明を飛ばしてしまいます。とにかく「片づけなさい」と言ってしまうのです。

バタバタして「早くしなさい」と追い立て、**何のために急ぐのか？　そもそも片づけってどうすることなのか？　を伝えていなかったりします。**私もわが子が小さい頃は、「何で言ったことを上手にできないんだ」とイライラしましたが、こどもじゃなくて私の伝え方が悪かったのだと今は反省しています。

こどもだってわかればちゃんとできるのです。空気も読みますし、小さな体で役に立とうと頑張ってくれます。

さて、片づけはこどもの成長に合わせて目的や手段が変わります。次項からは段階を追って説明します。

ステップⅠ：幼少期は「戻す」を習慣に

まずは、おもちゃの指定席を一箇所つくりましょう。

家の広さに応じて、１コーナーだったり、１棚だったりするかもしれませんが、部屋のあちこちにあるのではなく、「ここだけ」と枠を覚えてもらうのです。

もちろん、遊ぶ時は思いきり散らかしてＯＫです。そして、１日一回、お風呂の前や夕食の前などに、その指定席に「戻す」のです。次の日も、散らかしてまた「戻す」。これを繰り返します。

無理強いせず、こどもができない日はお母さんがやってもいいのです。

「戻す」が習慣になると、「片づけないでお風呂に入っちゃおうか」と誘っても、「ダメだよ。ちゃんと戻すもん」なんて、こどもから言ってくるようになります。そうしたらしめたものです。

モノの指定席をつくろう

ステップⅡ：小学生は「好きなもの」を選択し、親はそれを認める

小学生になると、**おもちゃに加えて学用品**が増えます。同時に収納スペースも増やさざるを得ません。帰る早々ランドセルや上着を放り出し、一気に散らかるというのはよく聞く話です。

それでは、**玄関の近くに収納場所をつくり、「置くだけ」「かけるだけ」の収納にする**のはいかがでしょうか。

そして、**家庭での片づけの学びは長期休みがおすすめです。**私は、こどもが春・

夏・冬休みに入った時、一緒にかばんや机の引き出しの中の、書けないペンや使わない文具、不要なプリントを整理し、机やライトも磨かせて新学期に備えさせました。

今思えば厳しかったなと思いますが、中学生の頃からはひとりでも片づけの習慣が身についてきたように感じます。

小学校のうちは、「不要なものは何か」ではなくて、**「自分にとって好きなもの・必要なものが何なのか」こどもの世界観を見守ってあげましょう。**

そのためには、親には価値がわからないガラクタでも、**本人が好きなら認める**という懐の深さが試されますが、それは自分を認めてくれる、わかってくれると感じることで、こどもの自信にもつながります。

前述した親子セミナーでは、7歳のこどもに引き出しを見せ、たくさんのモノの中から、文房具（だと思うもの）だけを選んでもらい、仕切りを使って整頓してもらいました。すると、参加者全員が「すごい！」と言うほど、きちんとできました。小学生時代が、いちばん片づけを素直にインプットできる期間なのです。

こどもは完璧な片づけもできる！

７歳のこどもが、自分の考えで整理整頓した引き出し。手前によく使うもの、奥にはあまり出番がないものと、ちゃんと考えていました。素晴らしい！

ステップⅢ：

こども自身に「捨てる潔さ」を体感させる中学生時代

モノの量と家の割合は各家庭で違いますから、こどもは友達の家と比較しながらわが家の実態を知っていきます。

誰かの家に遊びに行くと、「うちはA子ちゃんの家よりモノが多いかもしれないな」「B子ちゃんの家はきれいだ」なんて、いろいろな家庭や家を見て、「自分もこんな部屋がいい」と比較しつつ、**自分が心地いいと感じるイメージを描けるようになる**でしょう。

中学生は、思春期で反抗期。「片づけなさい」のセリフはまず効き目がありません。しかし、**ホルモンバランスの不安定さから来るイライラを、「捨てる」ことで解消できるチャンスです。**

テスト勉強をする時に限って、部屋を片づけたくなった経験はありませんか。目の前の課題からの逃避だったり、モヤモヤをリセットしたくて片づけたくなるのです。机まわりの片づけだけではなく、失恋した相手からの手紙を捨てるなど（今ならメールの消去）、モノを片づけると心も整理されるのを自然と体得していくでしょう。

わが家の娘も、うまくいかなかったテスト用紙をビリビリと破いて捨てていました。モノを捨てて、心機一転したかったのだと感じました。

またこの時期は、逆に散らかし放題にもなりますが、成長過程だと思ってあきらめましょう。親はそれを見守るしかないのです。

ステップⅣ：

自立への階段「あえて不便に慣れておく」

いつも冷蔵庫が満杯の家で育てば、それが当たり前の光景となって、将来自分も同じように、食材を常備する習慣がつくでしょう。ティッシュを常に切らさない生活を続けていれば、いざティッシュがないと困るでしょう。

しかし、こどもの将来が、毎日冷蔵庫が満杯の暮らしでいられるかどうかまでは、親の私たちは面倒見切れません。

しかし、「何不自由ない暮らし」というのは、モノに溢れた暮らしではなく、何が

起こっても不自由だと感じない暮らしではないでしょうか。

冷蔵庫が満杯じゃなくても工夫できる応用力、ティッシュがなくてもトイレットペーパーさえあれば大丈夫、と慌てない考え方も必要です。

私は若い頃の貧乏経験から、今でも我慢できるモノは買い置きをしていません。例えばシャンプーの替え。シャンプーが切れればボディシャンプーで代用できます。もちろんシャンプーより洗い上がりはバサバサとしますが、多少の不便さや心地悪さを体験しておくと、いざという時に焦らないのです。

日々の暮らしの中に、**ちょっとした不便を混ぜておく**くらいがこどもの自立へスパイスになるのではないでしょうか。

➍ 黒いドロドロがいたわが家

今から5年前。長女の高校入学式。「ちっともめでたくない」と、やさぐれていた私がいました。

目指す進学校に向かって勉強する娘を叱咤激励し、時には教育ママとして厳しいセリフも吐き、資金や時間も注いだ高校受験。それが、まさかの不合格。滑り止めに進学する事実を当時の私は受け入れることができませんでした。

「頑張れば結果はついてくるのではなかったのか？」

報われない事実を呪い、自分を責め、当の娘に優しい言葉の一言もかけられないほど泣いて落ち込み、家事もせずに引きこもる日々をすごしました。

自分の自信の拠り所を娘の栄光に託し、挙句、叶わず途方にくれる……。滑稽なほど弱く情けない母の姿です。

そんな母の姿とは裏腹に、娘にとっての高校生活は最高の出会いの場でした。同じく涙を飲んだ仲間や熱心な先生と出会い、娘は様々な挑戦をし、いきいきと羽を広げていきました。

私は親としての自分の無力さを痛感しつつ、気がついたのです。自分の自信は誰かに託したり、叶えてもらうものではなく、己で見極め育んでいくものなのだと。

わが子とはいえ、別の人格で生きています。こどもの悩みまで自分に置き換え、過度に心配し、できないことを責め、変えようとした私は傲慢でした。

今は180度考え方を変えました。子育てとは、こどもが自分で選択し、見極めていく力を見守ることなのではと感じます。ひとりの人間として尊敬、尊重し、客観的視点と笑顔で共感できればそれだけで十分なのです。

＊片づけは自己啓発

家は、こんなふうに家族のいろいろな状況につき合わされる場所です。私が塞ぎ込んでいた時は、片づけはもちろん家事にも手をつけず、きっと目には見えない黒いドロドロが渦巻いているような家だったでしょう。

そこから抜け出そうと、私がはじめたのが片づけでした。黙々と掃除をして片づけていると、気持ちがだんだんと正常に戻ってきました。片づけはお金のかからない自己啓発なのです。

落ち込んだ時、気持ちを変えたい時こそ、がっつりと片づけをしてみてください。

片づけは、一度やれば後は一生しなくていいというものではありません。こどもの成長や家族の仕事や趣味に応じて、その都度溜まったゴミも毒も吐き出して、循環させようではありませんか。

さて、「めでたくない」と思った入学式からあっという間に時は過ぎ、卒業式では答辞を読む娘の姿がありました。

「今の私、ちょっとは成長したでしょうか？　いつも支えてくれて、ありがとう！」

なんてメッセージ。やってくれるではないですか。

やさぐれた母を責めず、気にかけながら見守ってくれたのはあなただったのですね。

やっと気がついた私は、やっぱりまだまだ未熟な母です。

CHAPTER

8

もっと家も自分も好きになる！

片づけの
効能プラスα

モノの扱い方や持ち物はあなたを物語る

ひねくれた見解かもしれませんが、日本の女性の美意識の基準は、「若さ」や「若く見えること」。

どんな美しい女性でも、時の変化に「劣化」と言われてしまうのは残酷です。

「年を重ねた女性ほどモテる」と言われるフランスでは、年齢と共に深めた経験値や知恵が女性の美しさを極立たせているという考え方があるのでしょう。

同じようにわれわれ日本人だって、たとえシワが増えようとも愛らしく、自分らしくのびのびと生きたいものです。

歳を重ねる恐怖をなくし、老いの呪いから解き放たれるには、今の自分を認めて、自分を好きで生きていることが大切ですよね。

片づけの選択の軸は「今」と「自分」です。

過去の自分と比べて卑下したり、がっかりする考えやモノは手放して、今の自分にベストなモノだけを揃えていこうではありませんか。

以前、セミナーでそう話したところ、受講生が早速、クローゼットの在庫を思いきって減らし、「今」似合う洋服だけで揃えたそうです。

「昔は似合ったのにとか、あの頃はよかったと、振り返ることがなくなりました。今の自分を大事にしている感覚を持てました」

こう喜びのメッセージをいただきました。

出産前の洋服を何年も持ち続け、今の姿が受け入れられないと話す彼女だっただけに、私までうれしくなり、片づけの力を改めて感じた出来事でした。

実は私も、**履けなくなったジーンズを何年も保管**していました。捨てたらダイエットをあきめることになる、もう昔の体型に戻れなくなるのではないかという呪縛があったからです。

太ってしまった自分への戒めの気持ちで取っておいたのですが、ある時娘に見せたら、**「サイズ以前に形がダサいよ」**と言われました。それでも納得できず、はいて見せると今度は**大笑いされ、何だか持っているのがバカバカしくなって手放しました。**

今似合うモノを着こなせばいいのですよね。スリム化に成功したら、その時にこそご褒美に買えばいいのだと、古くさいジーンズを取っておく理由はなくなりました。

＊言動と行動は合っていますか

このように考えると、言動と行動がズレている人をたまに見かけます。

例えば、女子力を上げたいと言っている人の服が毛玉だらけだったり。バッグはブランドにこだわっているのに、エコバッグは汚れてしまわしわだったり。個性を大事に

したいと言っていながら、それ急げと売り切れワードに飛びついたり。写真は加工するのに、携帯ケースはヒビ割れしていたり。

あなたのまわりに思い当たる人が浮かびませんか。

私もつつかれると自信はありませんが、歳を重ねての美しさは、単なる見た目以上にそうした矛盾の幅に反比例するのではないでしょうか。**言動と行動の一貫性は、持ち物や身なりや扱い方を通して表に出るからです。**

若い頃は多少ずれていても、「若い」というだけで気にされなかったのです。しかし、素敵な大人ならば、きちんと自分を理解して、その時その時に似合う旬を活かして自分を丁寧に扱えるはずです。

＊「どんな人でありたいか」を思い描こう

片づけは、自分のこだわりの枠があると仕分けがしやすい、どんな暮らしがしたいか理想をイメージすることが大切だと述べてきました。そして、最後に伝えたいのは、自分がどうなりたいか、どんな人でありたいかでモノを選択する意識です。

持ち物や身につけるモノは、あなたがどんな人かを表わすアイテムです。

逆を言えば、そこを観察すると初対面の人でもどんな人かわかります。

スポーツ選手は愛用している道具の手入れを入念にすると聞きますが、やはりその入念さと成績はつながっているそうです。同じように、**モノの扱い方や持ち物は時にあなたを物語る**アイテムとして、よくも悪くもあなたの評価を左右するのです。

持ち物を整えるだけでも物腰や姿勢が変わります。こだわりを持って、時に手入れもし、丁寧に扱うと、不思議と話し方まで変わっていくものです。

さあ、**あなたらしくないモノ、あなたの理想像と結びつかないモノは、思いきって手放しましょう。**自分の基準をつくるのは自分なのです。

ひと工夫で空間が映える「部屋を飾る」ススメ

私が小さな頃に住んでいた家は、古くてあまり好きになれませんでした。でも**下駄箱に花が一輪あるだけで優しい雰囲気になった**ことを、こども心に感じていました。

家は古かったのですが、庭にはいつも季節の花が色とりどり咲いていて、母はその花を時々摘んで、仏壇や玄関、居間などに飾っていました。

古い家だからとあきらめの気持ちで住むのではなく、そこに癒しのエッセンスを取り入れて、少しでも改善しようと心がけた母の作戦は、たった一輪の花でも大成功だったと思います。

私の部屋も古く暗かったのですが、部屋づくりのお手本は工夫が上手な従姉妹でした。生成りの布地に赤いステッチで刺繍したクッションカバーや甘い香りのポプリを入れた瓶、クルミやドライフラワー、うさぎの小さなぬいぐるみ……。高価な調度品があったわけではないのですが、温かみとかわいさが溢れていて、遊びに行くのが楽しみで仕方がなかったことを覚えています。

こどもだって工夫次第で部屋を素敵にできるんだと心がときめき、その頃もらった薄紅色の桜貝は35年経った今でも大事に飾っています。

モノには、**「使われるために生まれてきたモノ」**と、**「気持ちを癒してくれる魅せるモノ」**があります。

雑貨や小物を飾るのは、ほこりが溜まるから苦手という方もいるかもしれません。私のある生徒さんも、「飾るのは面倒」と話していましたが、ある時、花の飾り方、ディスプレイの講座を受けてくださいました。その日、花を持ち帰って飾ると、真っ先に喜んだのは娘さんだったとのことです。さすがこどもは、感性が豊かで新しい変

化に敏感です。

「きれいだな」と、感情が動かされるモノが家にあるだけで、**感性が磨かれ優しい気持ちも育まれる**のではと感じます。

先ほどの彼女はそれ以来、花や観葉植物を飾って楽しんでみようと、気持ちの変化がありました。家にいるのが楽しくなって癒されたら、心も体も休まる空間になって、よりあなたをリラックスさせてくれるでしょう。

特別なモノを買わなくても、自分の好きなモノを大事に飾るだけで、家に柔らかさと遊び心が広がります。

家は機能的に生活を営むだけでなく、住む人の気持ちを慰める場所でもあります。たとえ片づいてすべてのモノがしまわれていても、殺風景では何かが足りません。モノを減らして空間の無駄を省く魔法が片づけだとしたら、**モノを飾って癒しを与える魔法はディスプレイ**です。

❶ 生活に季節を取り入れてメリハリを

日曜夕方の定番アニメ「サザエさん」。磯野家の何気ない日常風景をコミカルに描いた長谷川町子さんの人気漫画が原作です。

放送開始以来50年、幅広い世代に親しまれている理由は、四季が話に取り込まれている点だと感じます。毎回登場する食卓シーンで、波平さんの背景に映る庭の花が季節によって変化していることにお気づきでしょうか。もし、季節と合わない景色が映り込んでいたら、きっと違和感を覚えるでしょう。

日本の春、夏、秋、冬は、それぞれの趣きがあり、季語があり、色があり、風も花も違います。その季節を家の中に取り入れると、心も衣替えできます。

花を飾るのが手っ取り早いですね。サザエさん宅でも、廊下の一輪挿しには庭と同じ花が飾られています。

花以外で効果的なのは、食器、布団カバー、タオルやクッションカバー、絵や写真などのモノの色を変える方法です。1年を通して色のグラデーションをつけると、「今年も桜のピンクの季節がやってきたなあ」などと、準備も楽しくなります。特に私の住む北海道は冬が長いので、まだ雪が残っていても春の色を取り入れて、気持ちを明るくしています。

日本の季節は、はっきりと数ヶ月で変化します。それに合わせて部屋を模様替えすると、生活にメリハリができて、新しい気分で新しいことにチャレンジしやすくなります。ぜひ、実感してみてください。

季節を家に取り入れよう

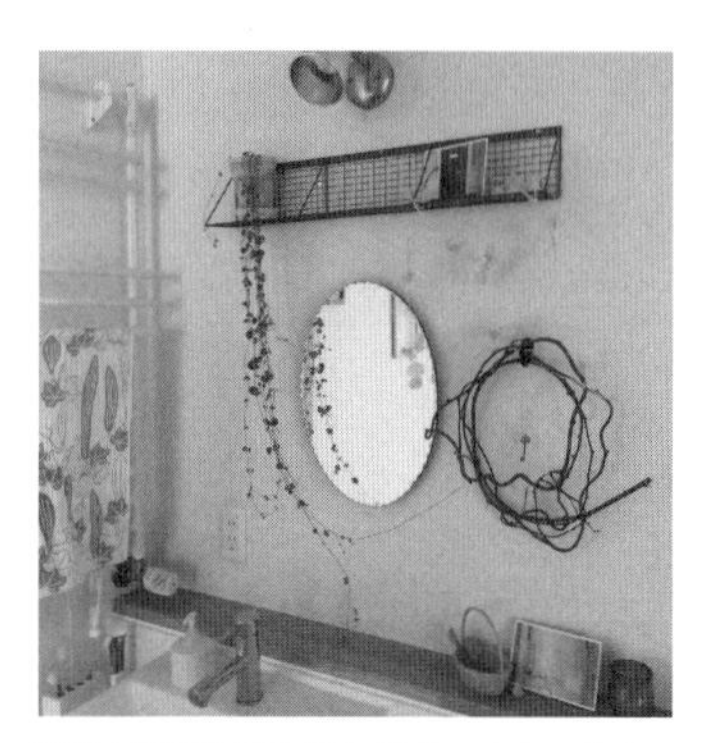

夏は水回りに涼し気な緑を。また、タオルの模様も夏向きに変えています。

春、さわやかな黄色い花を飾ります。

赤いランチョンマットにお茶の道具を飾って、和のテイストで冬を演出。

近くの公園で拾った松ぼっくりや枝をつなげて、秋のディスプレイに。

4 いざという時の備えが「片づけ」

ちょうど本書を執筆している最中に、北海道で大きな地震がありました。2018年9月に起こった北海道胆振東部地震です。

私の暮らす旭川はあまり地震が起こらない地域なので、震度4の揺れはとても大きく感じました。その直後、SNSを通して電気が点かない状況を知り、私が真っ先に心配したのは愛犬の飲み水とお風呂です。

わが家はオール電化なので、電気が使えないと何もできないのです。トイレの流し方もわからないし、もちろんお湯も沸かせず、料理もできない……。

正確には、〝そう思って〟いました。

「何もできない」と思うと、パニックになって冷静さを欠いてしまいます。

しかし、こういう時にこそ**片づけで培った、「あるものでやりくりする」という考え方を活かそうと思い直しました。**


まず、冷蔵庫の電源が切れても、食品はすぐには腐りません。

以前、冷蔵庫が故障した時、板氷を入れて1ヶ月しのいだ経験もあります。冷蔵庫で心配なのは乳製品、溶けるのはバターくらいです。わが家の冷蔵庫の中身はほとんどが調味料なので冷えていなくても大丈夫。卵も案外、大丈夫なものです。

冷凍庫には肉や魚が入っていますが、冷蔵庫と違い、お互いが凍った状態なので保冷性が高く、持ちがいいのです。実際に、アイスも15時間無事でした。


街中の信号は消え、スーパーやガソリンスタンドには長蛇の列ができ、コンビニの

パンの棚は空っぽになっていました。私は食材よりもカセットコンロの燃料を確保し、1本でどのくらい調理ができるのか試そうと思いました。

重宝したのは、娘が学校の工作でつくったラジオからの情報、そして夜はキャンプ用のロウソクや飾りもののキャンドル、光るおもちゃたちです。小さいモノでも集めると意外に明るく、トレーシングペーパーで包むと目にも柔らかな灯りになると知りました。

突然の出来事に慌てずにすんだのは、片づけのおかげだと言い切れます。**「どこに何がどのくらいあるか」「今、足りないのは何か」。即座に把握できると安心につながると実感したのです。**

電気が復旧すると、ライフラインのありがたさが身に沁みます。

地震後は備蓄や給油や充電を意識しようと、心を改めました。しかし私は、**「これ**

だけあったら大丈夫」より、「こんなになくても大丈夫」という意識が大切なのではと感じました。後日談で、列に並んで食材を買ったけれど、冷蔵庫がいっぱいで入らなかったという話を聞くとなおさらです。

また、モノの量は身の危険にも及びます。高く積み上げられた収納やぎっしり詰まった本棚が倒れてきたら大変です。**必要最低限のモノを安全に収めることは、命を守ること**でもあるのです。自分の家のモノや収納に潰されるようなことがあってはいけません。

普段、見えているのに、気がついていないことはたくさんあるのです。

停電で真っ暗になっている住宅地の公園で、こどもたちと仰向けになって見た満天の星たちが教えてくれました。

それはそれは美しく瞬き、吸い込まれそうなくらいきれいな星空だったのです。

地震で活躍したモノたち

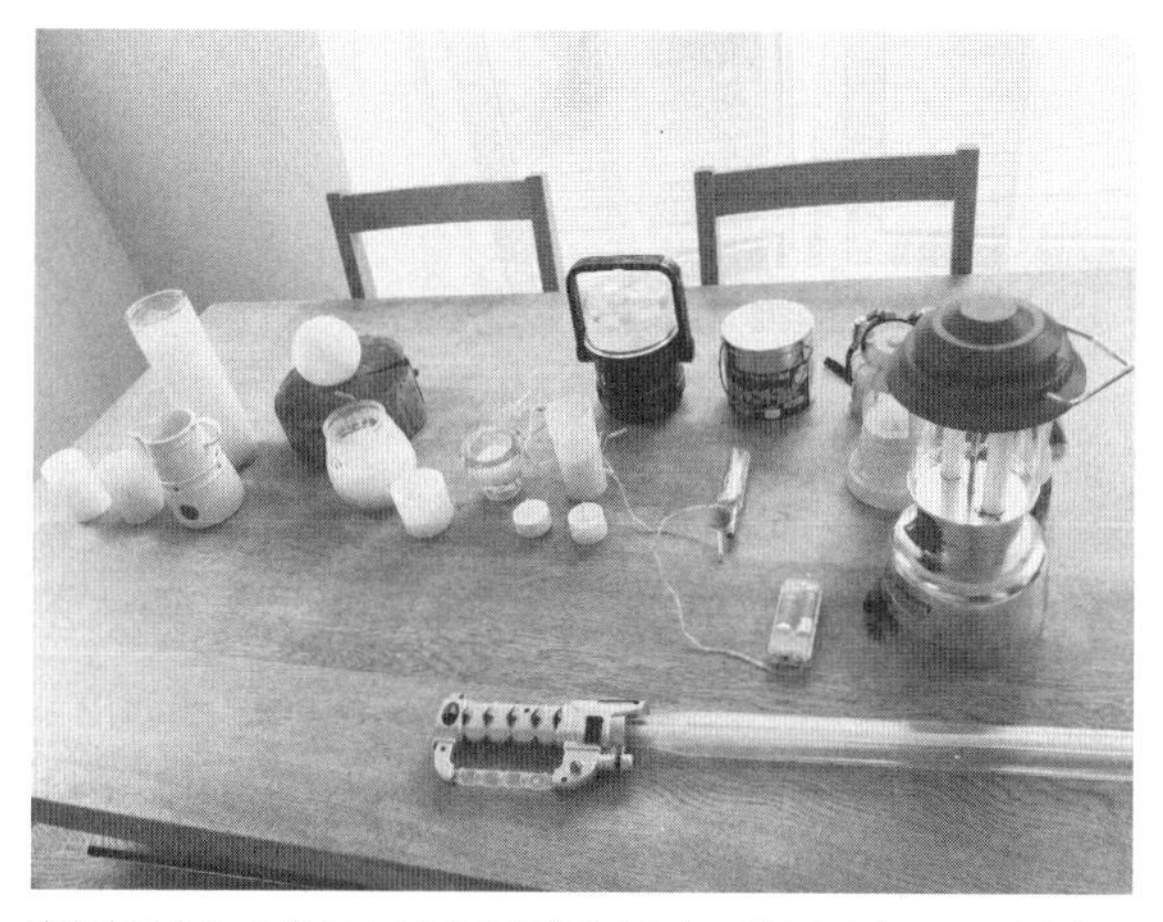

家の中にある、“光るモノ”を全部集めました。光るおもちゃやアウトドア用品、キャンドルなど、電気がなくても、明るいものは意外とたくさんありました。

台所が使えず、カセットコンロでつくった一皿。キャンドルと共に並べて、家族と電気のありがたさを感じながら食べました。

❶

片づけで品格を上げる

10年以上前に『女性の品格』（PHP新書、坂東眞理子著）という本を読んだ時、装いや暮らし方、人への感謝や思いやり、気遣いやマナーができる品格を備えた女性像に憧れ、共感しました。

何気ない意識の向け方次第でできることがあり、それが日本の女性らしさであり、片づけの精神にも通じる部分があると感じました。

片づけは人としてのマナーです。

日常のあらゆる場面で片づけは登場します。
外食先で、食後の箸やお皿をだらしなく広げたままで席を立つ人を見ると残念に思います。
レストランで食べた後
カラオケで歌った後
ホテルに滞在した後
お手洗いや洗面所を利用した後
誰かの家を訪れた後
あなたならどうしますか？
普段していることは習慣となり、自分では気づかず現われてしまうものです。
「立つ鳥跡を濁さず」と言いますが、引っ越しや巣立ちに限らず、すべてのことに当てはまります。楽しんで散らかして終わりではなく、「後」を気遣い、片づけられる人。つまり、後ろ姿がきれいな人に品があると感じます。まさに見返り美人です。

茶道では、お茶を飲み終わった後までの所作や片づけ方、一つひとつに指先まで意識を向けます。お茶を飲むのはほんの一瞬ですが、提供する側も受ける側も真心を所作で表わすのです。

海外からのお客様も増えている今だからこそ、日本人ならではの気遣いができる「後ろ姿」が美しい品格のある女性を目指して、一緒に片づけ道を磨いていきましょう。

大切なことは　うちがわに

半年かけて片づけから生き方を学んでいく「Yoshimi時短塾」を開催していますが、生徒さんには様々なタイプの方がいらっしゃいます。

片づけの方法を聞いてすぐ実践する方、自分の中で噛み砕きながらゆっくり受け取る方、片づけたいと思いながらも結局、時間がない、忙しいと前に進めない方、本当に様々です。

教える私としても、少しでもお役に立てればと片づけ論や方法などを伝えていますから、効果が出せる方を「頑張った人」と捉え、実行しない腰が重い人には「なぜやらないんだろう」とヤキモキしていました。

でもそれは間違っていました。

「片づけをしない」という選択もあると気がついたのです。

厳密に言うと、「今はしない」という選択です。

片づけよりも、「今、頑張りたい」「今、集中したい」ことがあり、そこに力を注ごうと決断した、そちらを選択した結果なのです。それこそ意思の片づけです。

片づけができる人が「素晴らしい人で、幸せ」。片づけができない人はそうじゃないという考えがあるとしたら、それは違います。

そこに縛られて、「自分は片づけができないから何もうまくいかない、ダメなんだ」と思うとしたら、その気持ちを解放してほしいのです。

「今、夢中で頑張りたいことがある」と胸を張って散らかして、自分を責めないで生きてほしいのです。

＊片づけができないからダメなのではない

私の祖母は、金沢で祖父と共にクリーニング店を営み、亡くなる直前まで働いていましたが、実はものすごく片づけが苦手で、夏休みに遊びに行くと、それはそれはものすごい散らかりようだったことをこどもながらに覚えています。

散らかっている部屋にあきれた母が、毎回魔法のように片づけていました。そのビフォーアフターを見ていた私は、祖母のことをだらしない人と思っていました。

しかし、今ならわかります。「片づけられない＝だらしのない人・できない人」ではないのです。

祖母は短歌や俳句、カメラなど、趣味も多くて勉強家で、とてもおしゃれ好きでした。忙しい合間に私たち孫にセーターを編んでくれたり、北海道には蛍がいないだろうと送ってくれたりしました。

家族に仕事に趣味に、せいいっぱい楽しんだ素敵な人生だったのです。

「片づける＝素晴らしい人生」ではありません。**片づくとか片づかないとかで自分の価値が決まってたまるかです。**苦手は誰にでもあるものです。

そう気づかせてくれたのは、片づけが苦手な祖母の人生でした。

＊今、片づけをするという選択

ただ、実は祖母は、亡くなる直前に家を片づけたいから母に手伝ってほしいと頼んだそうです。当時、断ったことを今も悔やむ母ですが、私も今だったら喜んで手伝いに行くのに、と思うばかりです。

祖母の家を思い出すとやっぱりモノが多かった。もしかしたら最後に片づけて何か探したいものがあったのかもしれませんし、見つけたら元気になる何かがあったのかもしれません。あるいは、**散らかった家に未練があったのかもしれません。**

片づけを「今はできない、やらない」と選択するのも、「今こそやろう」と奮起す

るのもあなた次第です。

でも、今できる小さな片づけからはじめてみるだけでも確実に前に進みます。

「忙しいからできない」のも選択なら、「忙しいからこそやる」という選択もあります。近い将来の自分のためにしっかり片づけて土台をつくったら、時間もできるし、家事が楽になってイライラも減り、生活に笑顔が増えるかもしれません。体の負担も減り、長生きできるかもしれません。片づけが果たす役割の大きさを実感できます。

まずはゴミ袋と掃除機と雑巾を用意して、目の前の引き出しでも、冷蔵庫でも、洗面台でもいいのです。少し手を動かして見ませんか。

「ここに入る分だけ」と枠を決めて減らす。そして眺めがいい部屋をつくって心の負担を減らして笑顔で生きていきましょう。

あなたがイライラしないこと。あなたが幸せならそれが素敵で素晴らしい人生なのです。

それを知ったあなたなら、今度こそ片づけに成功するはずです。

あとがき

思い起こせば、落雷のような出会いは6歳の頃。

母の付き添いで訪れた歯科医院の待合室で、何気なく手に取った『ペリーヌ物語』という絵本を開いた瞬間です。

お話は家なき少女ペリーヌのサクセスストーリーで、私がくぎづけになった場面は、無一文で天涯孤独になったペリーヌが、ひとり湖畔で生活していく様子です。身近な材料でセンスのよい靴を完成させ、木を削ったスプーンや空き缶を活かした鍋を使い、釣った魚で友人に粋なもてなしをするなど、賢くイキイキと暮らすペリーヌに、「何て素敵なんだろう」「最小限のモノでもこんなに楽しく暮らせるんだ」と衝撃を受けました。私の片づけスピリットの礎です。

今、私達のまわりは、小さな不便もすぐに解消できるモノや術で溢れています。でも、多くのモノや情報が幸せばかりを運んで来るとは限りません。

見たくない、知りたくないことも目の当たりにしたり、どこまで蓄えても心が満たされず、欲の境界線が見えなくなったりします。他人の「いいね」がないと自信が持てない日常も正直に言ってあります。

私自身、初めての本の執筆でそういう弱さにぶち当たり、何度も問いかけ直しました。まさに書くこと自体が伝えたい自分の軸を探し、限られたページの「枠」の中で精査し厳選する、思考の片づけだったのです。

「枠」は、ぼやけた視界から自分が「これ」という好きなものを謙虚に際立たせるフレームなのです。

自分には見えない最大の枠は寿命。限られたあなたの人生の枠を、自分が見極めた本当に大切にしたいモノや人と知恵で身軽にすごしてほしい。そう願っています。

最後に。私は毎週、地元のFM局でラジオのパーソナリティをしていますが、「枠」という言葉は時間でコーナーを整えるラジオ放送の経験から来ています。番組を共にし、いつも叱咤激励、背中を押してくれる麻生けんたろうさん、石山工務店スタッフのみなさん、応援してくれた雄風会のみなさん、「asatan」の関口編集長、本当にありがとうございます。

さらに、たくさんのヒントをくれたYoshimi時短塾生のみなさん、発刊を待ち望んでくれた友人と受講生のみなさんに感謝しています。

家事の途中でも原稿に集中していた私を見守ってくれた家族には、ごめんなさい。私の考えや原稿を見事に導き片づけてくださった編集の津川雅代さんには、言葉以上に感謝の涙が浮かびます。

最後まで本書を読んでくださったあなたに、心からお礼申し上げます。あなたの毎日が今後も笑顔と喜びに溢れますように。愛を込めて。

2019年5月

片付け空間デザイナー　はせがわよしみ

著者略歴

はせがわよしみ

片付け空間デザイナー（整理収納アドバイザー１級）

1973年生まれ。古く暗い家を何とかしたいと、こどもの頃から片づけや部屋の模様替えに目覚め、片づけ追求歴は35年以上。

短大卒業後、アパレル会社に就職し、雑貨のディスプレイや陳列デザインを行なう仕事に従事。途中、難病を患い思い悩む日々をすごすが、片づけが心の整理にもつながると気づく。主婦業や子育ての経験を重ねる中、整理収納アドバイザー１級を取得し、片付け空間デザイナーとして独立。個人や企業を対象に片づけサポートを開始し、自宅を建てた経験からハウスメーカーとの整理整頓を視点としたコラボ企画や、片づけから自分探しにつなげる就活のアドバイスなど、幅広いテーマで700人以上にセミナーを開催中。中でも収納も丸ごと公開する自宅セミナーは開催わずかで参加者100人を超え、話題となる。「Yoshimi 時短塾」も開催。

「モノを活かし魅せる。自分らしくデザインする片づけへ」というコンセプトで活動している。

地元旭川のコミュニティラジオ「FMりベーる」に、土曜日パーソナリティとして出演中。

【連絡先】（セミナー・コンサル・お問い合わせなど）
〒079-8419 北海道旭川市大町１条４丁目14-315 ワンドリームピクチャーズ内
片付けデザイン研究所　Email アドレス : info@yoshimistyle.com
はせがわよしみのサイト http://www.yoshimistyle.com
yoshimi 時短塾のご案内　http://www.yoshimistyle.com/jitanjuku/

もう一度片づけをはじめよう！

「枠」を決めれば、モノは減らせる

2019年6月4日　初版発行

著　者 —— はせがわよしみ

発行者 —— 中島治久

発行所 —— 同文舘出版株式会社

東京都千代田区神田神保町1-41　〒101-0051
電話　営業03（3294）1801　編集03（3294）1802
振替00100-8-42935
http://www.dobunkan.co.jp/

ISBN978-4-495-54035-7
印刷／製本：三美印刷
Printed in Japan 2019